深圳市哲学社会科学规划 2021 年度一般课题
"加快提升深圳城市形象全球传播力研究"（SZ2021B040）成果

张 琦 著

深圳路径
SHENZHEN
路径
PATH

新媒介视野下的
城市形象全球传播

GLOBAL COMMUNICATION OF
CITY IMAGE UNDER
THE PERSPECTIVE OF NEW MEDIA

社会科学文献出版社
SOCIAL SCIENCES ACADEMIC PRESS (CHINA)

目　录

序

习近平总书记站在战略和全局高度，就加强国际传播能力建设发表一系列重要论述，开创性地回答了国际传播能力建设的一系列重大理论和实践问题，进一步丰富和发展了党对国际传播的规律性认识。这是习近平文化思想的重要组成部分，为我们在新时代做好国际传播工作指明了前进方向、提供了根本遵循。

推进国际传播能力建设，是中国基于国际传播形势和国家发展需要的顶层设计和部署，需要全面、系统、深刻的观念转变、资源配置和技术创新。目前，世界大部分地区身处全球化、数字化、城市化的时代浪潮中，数字技术和世界产生紧密联结。传播问题从未变得如此重要，甚至有学者称，人类已身处媒介之中。

改革开放以来，中国经过四十多年的发展，成为全球传播实践的重要场域。以城市为节点的全球传播，是数字技术革命进程中学界和业界共同关注的新的媒介景观。就深圳而言，作为"改革开放的窗口"和粤港澳大湾区的核心引擎，这座城市具备全球传播的独特基础、能力、责任和前景。随着中国国际传播在理论、政策、实践和技术方面迎来新的转向，深圳案例具有显著的理论意义和实践意义。

本书在这一背景下应运而生。本书命名为《深圳路径：新媒介视野下的城市形象全球传播》，具有如下考虑。第一，"媒介"不只是狭义的媒体机构和具有信息传播职能的社会机构，更是具有"中介"属性的机构、空间、组织等广泛内涵。城市的公共空间、文化活动、文化节庆等主体和要素，影响城市形象全球传播实践。第二，从"全球-地方"的结构性视角切入全球传播，城市（例如深圳）作为全球传播网络中的节点，具有组织各种媒介的力量，这一力量在全球流动和转移。

以上想法构成了本书的基本思路。在新媒介视野下，笔者综合运用案例比较、实证调查和数据分析、田野调查、归纳和演绎等方法，从城市形象传播的创新范式出发，分析数字媒介时代深圳城市形象全球传播的规律、特征和多元实践案例，提出提升深圳城市形象全球传播能力的建议。总体思路为，第一章，介绍研究的背景、方法和意义，评述文献，提出研究问题。第二章，借助数据分析等手段，分析深圳城市形象和国际传播工作的意义、现状、条件和不足，尤其是在新媒介视野下探索深圳城市形象全球传播所具备的创新要素。第三章，从"全球-地方"的结构性视角，总结归纳中国和海外城市或地区形象的全球传播经典案例。第四章，提出城市形象全球传播的一般性特征和规律。第五章至第八章，结合对城市形象全球传播一般性特征和规律的讨论，以都市报刊栏目、城市音乐文化、县级融媒体中心、国际化街区建设等深圳实践为案例，分析深圳城市形象全球传播体系的编织和运作。第九章，从全球观念、平台、空间、文化四个方面提出深圳城市形象全球传播的创新路径。总之，新媒介视野下的城市形象全球传播问题，即以全球为数字网络，以城市为节点，人类在不同地理空间的交流和传播问题。从这一视角来看，如果说"人类已身处媒介之中"，那么或许也可以说，人类已身处全球传播之中。

本书作为深圳市哲学社会科学规划 2021 年度一般课题的一项成果，一路走来非常不易。2021 年 9 月，获悉选题通过后，按照陈寅社长的要求，深圳报业集团深新传播智库立即成立课题组，负责本书的相关研究事宜。关于国际传播这一问题，课题组组织的文献研读、内外部访谈和讨论不计其数，研究思路的调整几经波折，所幸本书终于顺利出版！另外，感谢深圳市社会科学联合会的理解和支持，感谢社会科学文献出版社生态文明分社社长任文武先生和责任编辑郭峰老师的辛苦付出。

由于能力有限，本书难免出现疏漏和不足，在此谨表真诚歉意，并由衷地敬请读者批评指正，不吝赐教。

张　琦

2025 年 3 月

第一章

深圳城市形象全球传播的新媒介视野

一 数字技术、深圳和全球传播

（一）数字技术和城市形象全球传播

数字技术革命的显著特征之一是移动互联网的崛起。2023 年 4 月，全球媒体监测机构 Meltwater 和社交媒体机构 We Are Social 联合发布的《2023年全球数字报告》显示，2022 年，全球互联网用户数量为 51.6 亿人，相当于全球总人口的 64.4%，其中社交媒体用户数量为 47.6 亿人。

移动互联网深刻影响着人类自古有之的交流问题。它的发展和应用，持续改变着传播的观念和范式，社交媒体成为塑造传播实践的重要因素。人民网研究院指出，ChatGPT 的到来，意味着人类整体的传播基础设施、传播方式和机制的彻底重构。作为一种数字技术，移动互联网是当代社会中人类的一种境遇，与社会和现实世界的运作变迁息息相关。

从地理结构来看，传播和城市具有内在关联。城市是人类生产、生活的主要区域，是人类交往和传播实践的重要发生地。数字技术和现实世界的紧密联结，在交通和商贸发达、信息网络密集、人口集中的城市更为凸显。交流和传播既在城市中发生，也是城市的成因和运作方式。从城市史来看，"城市越来越趋向于交换、交易、交往、交流等多重传播网络的中心，裹挟着传播的力量，城市成为推动人类发展的巨大动因。报纸等大众媒介的产生，便是为了应对城市大规模陌生人之间的沟通（传播）问题"（孙玮，2018）。

在数字技术浪潮下，城市不仅是全球传播的场景，其本身也是全球传播实践的构成，是聚合多种交流系统的最佳落脚点（孙玮，2012）。这即是说，第一，城市作为全球传播主体，影响身处不同地理空间的人类的交流沟通；第二，城市本身也不断经由新媒介技术的塑造，产生各种变化，与全球传播发生新关联。比如"智慧城市"建设、城市虚拟空间改造等，改变了人类"交流系统"的运作，从而切入交流/传播实践，成为全球传播的一个地理节点。

（二）深圳：城市形象全球传播的重要案例

身处全球化、数字化、城市化浪潮中，中国成为全球传播实践的重要场域。中国互联网络信息中心（CNNIC）在京发布的第 51 次《中国互联网络发展状况统计报告》（以下简称《报告》）显示，截至 2022 年 12 月，中国网民规模达 10.67 亿人，较 2021 年 12 月增长 3549 万人，互联网普及率达 75.6%。《报告》认为，2022 年中国互联网发展呈现三个特点：物联网终端增长推动"万物互联"、工业互联网体系构建逐步完善、传统领域应用线上化进程加快。

2023 年 10 月，习近平总书记在对宣传思想文化工作的重要指示中明确提出"七个着力"的要求，其中一条是"着力加强国际传播能力建设、促进文明交流互鉴"。2022 年 10 月，党的二十大报告指出要"加强国际传播能力建设，全面提升国际传播效能，形成同我国综合国力和国际地位相匹配的国际话语权"。塑造良好的国家形象，是各个国家和地区争取国际资源、市场和其他生产要素的必要举措。面对复杂、严峻的国际形势，全面提升国际传播效能，是中国经济和社会发展的要求，更是提升国际话语权和国际竞争力的选择。

中国国际传播开启新征程，不同地理区域、不同媒介主体全面加强国际传播实践。作为中国开放程度最高、经济活力最强的区域之一，粤港澳大湾区正在成为引领中国高质量发展的重要动力源，也成为中国提升全球传播能力的组成部分和重要阵地。推进粤港澳大湾区建设，既是国家战略，也是推动"一国两制"事业发展的新实践。粤港澳大湾区的地理区位、体制、经济和历史文化具有明显的区域特殊性，在国家战略提出后，能够对中国的全球传播实践发挥不可或缺的作用，既是中国话语体系与世界话语体系对话的桥梁，又是讲好中国故事和改革开放故事的引领示范地。有研究称，"大湾区"这一话语在很大程度上改变着相关区域与地方、与全球的传播关系，也在一定程度上推动形成了全新的信息传播格局（刘雯靖、邹军，2023）。

作为"改革开放的窗口"和粤港澳大湾区的核心引擎，深圳经济特区对外展示中国经济建设和制度改革的新进展和新成就，发挥连接海内外贸易往来、文化沟通和人群交往的独特作用。因其国际地位、地理区位和政策优势等，在新时代新形势下，深圳又迎来"双区"驱动、"双区"叠加等重大机遇，承载向世界展示和传播中国形象、讲好中国故事的重要使命。

（三）研究意义

以城市为节点的全球传播，是数字技术革命进程中涌现的媒介景观。这一时代特征，既来自全球各个城市打造自身形象、提升文化软实力的推动，也来自中国国际化和城市化的纵深推进（陈奕，2020），国家硬实力竞争转为城市区域竞争的客观事实（莫智勇，2013）。在全球传播语境中，城市不只是依附于国家的传播"支线"，其自身也是能够展开全球实践的传播主体，与国家力量互为补充、互相支撑。基于粤港澳大湾区尤其是深圳经济特区的中国全球传播研究，既具有广阔的实践空间，也体现出显著的理论意义。

第一，提升深圳城市传播力和软实力，打造全球城市传播标杆。城市国际形象是建设卓越全球城市的重要组成部分（沈斌、王荣、刘亚奇，2019），没有良好的城市形象，就不可能有真正的核心竞争力（张鸿雁，2002a）。根据相关研究，目前深圳的城市形象传播力整体薄弱，城市形象单一，无法匹配其经济、科技实力和国际地位。深圳市决策咨询委员会的报告指出，深圳与时俱进的国际传播体系与传播能力构建不足。

第二，推动粤港澳大湾区构建中国国际传播重点平台。粤港澳大湾区是中国式现代化的重要样本，是最能体现新时代中国叙事的典范之一。在粤港澳大湾区打造国际一流湾区和世界级城市群之际，运用其地理、文化、经济的特殊优势，塑造良好的国际形象，有利于在现有全球传播秩序下，改变中国国家形象被扭曲的状况，增强中国国际话语权。同时，随着近年国际传播中心向地方和基层"下沉"（张毓强、姬德强，2024），从"全球-地方"和"区域-城市"的关系来看，以深圳为主体讨论城市形象全球传播，能够为粤港澳大湾区的国际传播工作提供创新路径。

第三，推动构建"湾区传播"话语，充实城市传播理论。作为一个概念，粤港澳大湾区蕴含政治、经济、文化、生态等一系列话语，具有丰富的现实意涵和理论导向。传播不仅是人类生存发展的理念和行动，也是人类存在的方式本身。粤港澳大湾区的话语体系和实践发展，应当具有传播和媒介维度。以深圳为主体讨论城市形象全球传播，回应城市形象传播研究技术化、全球化的理论转向，能够为构建"湾区传播"话语提供一个新的角度和面向，为"湾区传播"理论提供一手资料。进而，本书将大湾区和深圳的数字媒介实践作为区域性的传播案例，思考技术、媒介和城市的关系，充实城市传播理论。

二　国内外研究现状及发展趋势

（一）全球传播研究的城市转向

1. 全球传播研究的历史和主题

国际传播研究，出现于第二次世界大战及随后的冷战时期。美国出于现实需要，更为重视对外宣传，发布了《报刊的四种理论》《一天中的世界报刊》等。随着卫星直播、互联网等新技术的问世和国际局势的剧变，各国研究者对国际传播产生新思考，包括罗伯特·福特纳于 1993 年出版的《国际传播：全球都市的历史、冲突及控制》、莫拉纳于 1997 年出版的《全球信息与世界传播》等，这些出版物侧重于在国际政治视角下思考国际传播与政治、经济的互动。

新中国成立之初，在冷战背景下，学界主要关注对西方信息的防范及对外舆论斗争。1978 年底，中国改革开放后，实行全方位对外交流合作，宣传部门和新闻行业开始研究对外报道业务。该类研究包括肖希明的《对外报道的对象和针对性》、林宁的《对外新闻十二类》、许良骥的《明确我们的报道重点》等。

20 世纪 80 年代后期，中国对外报道研究开始关注对外传播研究。1988 年，继段连城出版《对外传播学初探》后，陆续有系统性、理论性较强的专著问世。20 世纪 90 年代至今，随着西方国际传播研究专著的引入，例如，罗伯特·福特纳的《国际传播：全球都市的历史、冲突及控制》、阿芒·马特拉的《世界传播与文化霸权》、达雅·屠苏的《国际传播：延续与变革》等，中国的国际传播研究受其影响成为显学。郭可的《当代对外传播》《国际传播学导论》，关世杰的《国际传播学》，李希光和周庆安主编的《软力量与全球传播》，程曼丽的《国际传播学教程》，程曼丽和王维佳的《对外传播及其效果研究》等著作的出版和一系列论文的发表，推动形成了国际传播理论的基本主题。

当前，在国际传播研究的各主题中，主要包含以下观点。

第一，国际传播的现状。首先，马特拉等学者认为，西方在国际传播结构中占据主导地位（Sreberny-Mohammadi，1984），凭借主导国际传播体系及话语权力体系（王润珏，2020），造成国际媒体的报道偏向（Maier，2020）。近年来，随着我国经济、军事等"硬实力"的发展，"软实力"日益进步，与西方传播"势差"拉近，让打破长期以来由西方构建的国际传播体系和格局具有现实性（戴建华、杨楠，2021）。其次，中国国际传播的现状和问题。程曼丽（2019）认为，西方国家对议题设置先机的掌握，成为中国国际传播能力建设的重要障碍。郭镇之（2020）指出，源于中国国际地位的提升和随国际地位提升而带来的国际关系和全球舆论变化，中国国际传播面临严峻挑战。21 世纪初，郭可（2004）、何国平（2009）已经提出，中国形成了"多种媒体""多种媒介"的体系和格局。

第二，国际传播的作用。随着一众国外学者对国际传播和国家形象之间关系的研究（Shimko，1991；Anholt，2005；Kunczik，1997），国内学者主要从国际传播秩序、国际舆论、软实力、国家形象等方面具体阐述。张国良和邵欣悦（2023）通过分析 2018～2022 年国际传播研究论文，发现与全球整体研究不同，中国研究尤其凸显了对"软实力"研究的关注。胡鞍刚等认为，作为"软实力"，传媒是世界主要国家长期博弈的重要手段，在国际竞争中发挥着不可忽视的作用。隋岩（2002）认为，在跨国传播和文化全球化交互作用的语境中，中国电视文化要坚持本土独立性。何国平认为加强对外传播，有利于传播中国文化。姜鹏（2006）认为，现有国际传播秩序使世界舆论对中国不利，发展中国媒体的传播尤其必要。

第三，主流媒体国际传播策略。研究初期，研究者从整体思路上，为各类传播主体尤其是为政府和媒体建立策略框架，包括尊重新闻传播规律（沈斌、张睿、陆为，2020），掌握议题设置主动权（冯小桐、荆江，2020），改变传播话语框架（陈亦琳、李艳玲，2014）等。随着研究的具体化，主流媒体被视为国际传播的重要主体，成为重点研究对象。李希光和郭晓科（2012）指出，主流受众、主流信源、主流渠道、媒体公信力等构成媒体国际传播力的要素。国外方面，臧文茜和赵鸿（2023）分析了俄罗斯卫星通讯社的国际传播实践；国内方面，中央广播电视总台、《人民日报》（王恬、倪涛、张健，2023）、经济日报（李盛丹歌，2023）、CGTN（王凯琳，2023）等媒体的创新产品、新闻报道等成为重要的策略研究案例。另有研究整合分析了主流媒体开展国际化建设（郭可、吴瑛，2020）、运用新媒体（郑贵兰、陈强，2006）、开展人才队伍建设（曹晚红、牛文杰，2023）等举措。

第四，海外媒体的传播特征和中国形象塑造。邹露（2023）以德国 8家主流媒体近 9 年来对"一带一路"倡议的新闻报道为分析样本进行框架分析，吴梅红和姜飞（2023）结合美国主流媒体专访中国驻美国大使崔天凯的话语文本分析，提出在"合作性对抗"之下有效消解外媒采访的"话语修辞陷阱"策略。党明辉和冀豪杰（2024）以 X（原 Twitter）、Facebook、TikTok、YouTube 以及 Quota 平台上有关中国的发帖为例，探讨国际主流社交媒体平台涉华议题的传播特征与传播效果。王珑兴（2024）也在探讨中国在西班牙进行国际传播的现状与未来。

2. 全球传播研究主题的新趋势

第一，中华文明、文化的传播。世界文明交流互鉴是全球发展的大势，中国提出文明互鉴观，以"一带一路"倡议为平台，推动构建人类命运共同体。党的二十大报告提出，"增强中华文明传播力影响力"，这对全球传播研究来说是拓展时空要素的明确信号。王洪波（2024）认为，上述内容相互联系、层层递进、有机统一，是构建新型国际传播格局的中国方案，有效汇聚了世界各国人民希望通过信息平衡、对等流动建设美好世界的广泛共识。聂书江（2024）认为，中华文明国际传播新形态能够超越文明传播中的冲突、隔阂，从而走向多元文明交流互鉴的新国际传播图景。谢清果和韦俊全（2024）认为，作为中国治理体系思想结晶的"中国之治"，成为传播中国形象和发出中国声音的内生动力与重要支点。张铮和陈晨（2023）、冯月季（2023）分别分析了中华民族现代文明、中国当代文化符号的叙事体系创新。

第二，新兴数字技术。在传统国际传播领域，西方主流媒体主导全球舆论，数字技术革命为国际传播新格局的出现提供了更多可能性。尤其是人工智能技术的发展应用，从传播主体、渠道、内容、环境等多方面重构国际传播实践。汤景泰和徐铭亮（2023）指出，智能技术对国际传播的影响不是简单"介入"，而是重新组织了国际传播的内在构成要素，再造了传播流程，形成了新型的传播逻辑。何天平和蒋贤成（2023）指出，基于数字平台的影视产业构建了可供多元文化协商共生的"第三文化空间"，日益表现出赋能中国国际传播转型升级的强大潜力。朱鸿军和汪文（2023）指出，人工智能将与国际传播中的共情传播进一步融合，并呈现"情感—认知—

行为"的传播层次。殷乐和申哲（2023）认为，元宇宙、扩展现实、人工智能、大模型等技术的发展从智能升级、屏幕叙事、重组赋能和多维互动四个层面，进行多模态、全时空、强智能的深度融合，重新塑造了中华文化国际传播的技术应用模式和未来发展趋势。任孟山和李呈野（2023）也以媒介技术演进为逻辑，评述了国际传播格局的历史变化。

第三，媒介的多元主体和要素。新兴数字技术的发展，使短视频、播客等新媒体成为国际传播的新兴研究对象。段鹏和彭晨（2024）认为，短视频具有传播速度快、受众基数大、互动参与性强等特点，为中华文明的国际传播提供了新渠道。同时，值得一提的是，近年来媒介物质性、媒介与文化研究等成为传播研究的重要维度，打开了国际传播研究的视野。比如，有学者借鉴技术政治、基础设施研究方面的理论，从"基础设施纪念碑"的时间性、关系性、象征性三个维度入手，对全球媒体中的"中国基建"叙事进行探究，发现全球主流报纸通过不同的叙事方式，以"复数时态"塑造了相互竞争的"基础设施纪念碑"叙事，并以不同的时间和目的取向，对基础设施的"技术想象力"进行了移用和拓展（柯小俊、李诗乐，2023）。其他学者提出了网红（张雨龙、骆正林，2023）、青年（潘萌，2023）、Z世代（吴瑛、贾牧笛，2023）、中国文化图书（孙万军，2024）、网络文学（万立良，2023）、"一带一路"电影（梁阿敏、郎艳林，2023）、大型国际展会（种筱娜、赵茹，2023）、非物质文化遗产（苏畅，2023）、援外工业遗产（韩晗，2023）、剧本杀（罗长青，2024）、《原神》（王文佳，2023）、中华饮食（吴璟薇、阎庆宜、曹伟，2024）、奈飞（Netflix）（Axelle, Raats and Van Audenhove, 2022）、播客（赵如涵、邹采玲，2023）、大熊猫符号（陈晓兵、顾一阳、陈枻豪，2023）等主体和要素的国际传播价值。

第四，国际传播实践中的城市。有研究认为，国际传播实践的重心在逐渐下沉，地方对于全球化和国际传播来说越来越重要（贺欣怡、张毓强，2023）。城市成为国际传播实践新的参与者。近年来，关于城市国际传播相关研究的论文数量显著上升。比如，周庆安等以今日广东国际传播中心（GDToday）为例，分析国际传播的地方实践与区域创新研究。毕研韬、董庆文和黄玲忆（2024）讨论海南自由贸易港和粤港澳大湾区的国际传播语境、原则与保障。王益莉（2023）认为，杭州亚运会不仅是亚洲国家体育与文化的盛会，也是中国向世界展示国家综合实力、传播民族文化内涵、塑造和提升国家形象的重要窗口。黎寒池和李斌（2024）基于柳州市融媒体中心实践，探索地方国际传播的话语创新。张锋和王常胜（2024）以济南国际传播中心为例，阐述构建可信、可爱、可敬的中国形象的济南力量。姜鸣红（2024）通过记录《义乌有个"阿依乐"》讲述如何讲好中国故事。李国辉、薛创和边振虎（2024）讲述加强国际传播能力的敦煌实践。罗睿枭（2023）选取成都、宁波、宜昌为解剖样本，思考加强地方国际传播能力的路径。

3. 全球传播研究的城市转向

如上文所述，在中国的国际传播实践中，越来越多的"中国故事"取代了传统的外宣叙事，其中既有叙事理念的新要求和新转变，同时不可忽略的是，"地方"在国际传播实践中越来越发挥出独特作用。这让研究者和国际传播从业人员认识到，全球视野下的"中国"，不应该只是一个宏观、整体的印象，由固定主体和方式统一塑造形成，而是由千姿百态、具体丰富的城市、乡村、自然、社区、人群构成。相应地，"城市转向"的出现，即代表着国际传播研究和实践，从以中国为主体，逐渐延伸和转移到作为地方的区域和城市。

实际上，在国际关系和公共外交中，城市作为行为主体，历来发挥着独特作用。比如，除国家之外，国际组织、跨国公司、次国家政府等组织实体也是重要的国际关系行为体。詹姆斯·罗西瑙提出世界政治的"两枝结构"，国家主体推动一体化，各种次国家行为主体（例如跨国公司、跨国组织、社团、政党等）促进分散化。"超国家主义"发展下，"跨国城市化"流派提出，城市是跨国行为者进行地方化跨国经济、社会、文化和政治交流所在。

中国国际传播实践地方转向的出现有以下原因。一是中国外宣叙事思路的转变。二是国际传播实践的分众化和精准化，要求对传播主体、对象和目进行深入了解，做到因地制宜和有的放矢（姬德强、张毓强，2024）。三是地方传播机构发挥新作用，越来越多以系统的、成建制的方式加入国家国际传播能力建设的进程中（张毓强、姬德强，2024），包括省级国际传播中心、县级融媒体中心等。胡正荣和李润泽（2024）指出，2024年省级国际传播中心将持续全面发展，有助于我国打造更为细化的传播策略和产品体系，实现多地区、多国别、一群一策的精准国际传播。张毓强等认为，地方国际传播中心建设成为中国特色战略传播体系构建的关键动能之一。李勇（2023）关注到县级融媒体对国际传播体系的积极嵌入，通过建立县域本土文化传播中心，深入挖掘本土文化资源、激发本土文化活力、传播优秀本土文化内容。

目前，对于城市国际传播，大部分研究一是聚焦于地区和城市案例，在实践层面思考现状、问题和具体策略。张恒军和单良涛（2023）基于计算传播，从内容、形式、渠道三个方面确定城市文明国际传播的原则和策略。刘雯靖和邹军（2023）提出粤港澳大湾区国际传播能够为构建新时代中国国际传播体系提供可以探索的新路径。张陆园和欧阳馥绚（2023）分析粤港澳大湾区的基础优势，从传播主体、内容生产、区域范围、传播渠道等方面提出对策。戴聘以成都大运会为例，从叙事话语、数字平台、受众认知等方面提出挑战，认为提升城市国际传播效能需从多元主体、议程设置、跨文化共情等方面着力。二是关注地方媒体的国际传播策略。胡正荣和李润泽（2024）分析了省级国际传播中心全媒体平台，今日广东国际传播中心（GDToday）（周庆安、李慧韬，2023）、重庆国际传播中心（段梦寒，2023）、《湖北日报》（徐明华、张玥，2023）、Wuhan Plus（车慧卿、王一晗，2023）、厦门《海西晨报》海外社交媒体（卢士阳，2023）等媒体受到关注。

笔者关注到，张毓强等学者曾组织"全球地方"视角的国际传播讨论，提出国际传播能力建设中新的立体格局及理论阐释，并对"湾区传播"进行进一步分析，提出应从媒介意义上深入思考粤港澳大湾区（刘雯靖、邹军，2023）。这一思路在城市国际传播领域并不多见。目前，大部分研究基于城市或媒体案例，从传播/媒介的主体、内容、形式、效果、用户方面思考国际传播提升策略。这为全球传播研究的"城市转向"提供了丰富的经验材料和论证空间，有利于推动进一步的理论研究，为国际传播能力建设提供新的视野和维度。因此，面对数字技术革命带来的学科重构，面对全球传播"地方转向"的研究趋势和研究成果的状况，笔者通过分析城市传播研究现状，为下一步论述提供多角度支撑。

（二）城市传播研究：文本、媒介和城市

1. 国内城市传播研究的历史和范式

现代城市的形成，催生对其历史和发展规律的研究。城市学是以城市为对象的学科群体，对城市的功能、规划建设和发展进行研究。包罗万象的城市学为不同学科提供丰富经验，对建筑学、经济学、社会学、传播学等学科产生重要影响。国外城市研究以芝加哥学派和洛杉矶学派为主，源于19世纪末20世纪初工业革命城市社会的高速发展。芝加哥学派围绕城市结构、城市生活两个主题，洛杉矶学派吸收列斐伏尔等学者的观点，将空间纳入对城市社会的思考。国内城市研究的重点包括农村-城市的比较研究、城乡融合、城市问题策略等，全球化背景下城市议题更为多元化。

城市传播研究始于20世纪中期芝加哥学派的城市交往思想（殷晓蓉，2012）。现代城市体现和承载着人类的交往需求和功能，芒福德认为，城市是人类文明在地理空间上的汇聚点，具有文化储存、传播、交流、创造和发展等基本功能（Mumford，1961）。城市交往思想强调以城市为重点的人际传播，城市是社会有机体，重点是阐述整体与个体、环境与人的互动关系和变化，不同物理空间、心理状态塑造不同交往环境和关系。这一理论将城市作为媒介，将传播视为人类交往的一种形态，研究传播/媒介对于城市的意义（刘小晔、文春英、吴莹莹，2019）。

国内城市传播研究始于改革开放初期。研究者首先关注的是大众媒介对推动中国城市化进程的作用，在人口涌向城市的推动性因素中，大部分因素得益于大众传播媒介的发展。随着中国城市社会各方面的整体发展，大众媒介对城市形象的影响成为研究重点，户外广告、名牌经济、公关、节事活动

等不同要素（聂艳梅，2015），被纳入城市形象传播研究体系。2008 年，王安中和夏一波的著作《C 时代：城市传播方略》首次系统阐述城市传播理论和实践，分析其研究路径和理论框架。他们提出，城市传播学是"一门研究城市运行体系中各种载体（包括实体载体和虚拟载体）所承载的信息及其运行规律，以此促进城市良性发展，满足城市相关利益主体需求的独立的应用性学科"。城市传播研究是指将城市视为庞大而复杂的传播体系，研究以最佳投入形式、投入规模以及科学开发手段组织城市传播活动，实现城市系统的良性运行，并使相关利益群体的需求获得相对满足（王安中、夏一波，2008）。归纳而言，即讨论城市内部不同要素（载体）对城市形象、城市品牌等城市发展实践的现实价值。

整体而言，城市传播研究主要分为两个范式，其差异在于对交流/传播的不同理解。第一，讨论城市内部不同要素（载体）对城市形象、城市品牌等城市发展实践的现实价值，即将传播视为信息传输，城市是承载信息传输渠道的背景和底座，城市传播是通过渠道的选择和组合传递城市相关信息。第二，将城市作为聚合多重网络的介质，将传播作为交往的基本形态，城市是各类媒介的嵌入和聚合体，城市传播是将城市作为关系性空间（复旦大学信息与传播研究中心课题组，2015），建立传播与城市历史的、理论的、现实的内在勾连（孙玮，2018）。那么，这两个范式如何发生？包括哪些部分和环节？笔者将进一步具体讨论这两个范式的重点方向及其历史，以期为城市形象全球传播研究提供更多启示。

2. 范式一：作为传播文本的城市形象

（1）城市形象的构成：从物质到人文

聚焦大众媒介等城市要素和城市形象的影响关系，是该范式的重点方向。城市形象研究具有多层面、多领域的特征（李萃翠，2014）。早期的城市形象研究，能够追溯至古罗马时代的城市美学、建筑美学和城市规划等理论。维特鲁威在其著作《建筑十书》中提出，"建筑应当造成能够保持坚固、适用、美观的原则"（维特鲁威，1986）。凯文·林奇（2001）最早提出"城市意象"的概念，在《城市意象》（*The Image of the City*）一书中，他认为，"任何城市都有一种公众形象"，"由道路、边沿、区域、结点、标志等要素构成"。他提出，城市形象的主要构成要素包括道路（Paths）、边界（Edge）、区域（District）、节点（Nodes）和标志物（Landmarks），强调城市形象由人的综合感受获得。

工业革命后，城市迅速发展，出现生态环境失调、生活环境恶化等问题。人文主义的城市规划理论家强调城市规划应重视各种人文因素，要以人为中心。其中的代表人物芒福德（2018）认为，大众传播、人际传播、个人的体验综合建构了城市形象。列斐伏尔（2022）也注意到，人类社会发展与技术变革使交通、通信成为建构城市空间的新要素，空间不限于实体空间，而是包含社会关系的存在（王鹏，2022）。在 20 世纪 60 至 70 年代"空间转向"思潮影响下，城市形象研究逐渐由早期的城市规划、建筑规划等范畴，拓展到媒介空间、实体空间等。

《现代汉语词典》对"形象"的定义是，"能引起人的思想或感情活动的具体形状或姿态"。中国城市形象研究始于 20 世纪 80 年代，从城市规划、城市传播、城市营销等角度分别给出定义。李广斌、王勇和袁中金（2006）认为，城市形象即城市的外在表现，城市景观可以集中反映城市整体的品位和文化。何国平（2010）认为，城市形象是人们对城市的主观看法，以及由此形成的可视具象，城市形象是影响城市核心竞争力的重要因素。张鸿雁（2002b）认为，城市文化与城市形象要素对城市经济发展具有重要影响。他提出"城市文化资本"的概念，认为城市形象离不开"城市文化资本"的运作，即通过科学、艺术的创新设计使城市建筑的物质实体具有社会象征层面上的意义。他认为城市形象是历史与文化的凝聚，是城市传统、现存物质和现代文明的综合（张鸿雁，2004）。

在国内研究中，较有代表性的理论是城市形象识别系统（City Identity System，CIS）理论。该理论最初来自企业 CIS 理论，即通过统一视觉运用整体传达系统，对经营理念、企业文化和经营活动进行传播，与公众建立双向沟通，形成共同价值观。CIS 理论于 20 世纪 30 年代被美国设计家提出，80 年代引入中国，最早应用于企业品牌传播方面。城市 CIS 理论由陈俊鸿于 1994 年提出，其含义是与城市视觉、理念、行为规划相关的整体识别系统。城市形象通过城市规划和传播手段传达给城市市民，从而使其对城市产生一致的认同感和价值感（高文杰、路春艳，1996）。构成内容包括将城市形象分为城市视觉形象、城市行为形象和城市理念形象。

作为城市形象研究重要的方法论，城市 CIS 理论为相关研究提供了启示。整理相关研究，在含义上，城市形象是指公众对一个城市的内在综合实力、外显表象活力和未来发展前景的具体感知、总体看法和综合评价。例如，黄景清（2003）认为，城市形象是一个城市建筑风貌、历史积淀和城市市民精神状态的综合体现，也是人们对城市的综合性印象和评价。在构成上，纳入城市精神、城市文化以及政府行为、市民素质等因素。郭可、陈悦和杜妍（2018）提出，城市形象是城市本身和外部因素相互作用的结果，城市本身包括历史文化、功能定位、地标建筑和名人等，外部因素指个人认识城市的途径，通常由个人经历和媒体报道构成。另外，梅保华（2002）将城市形象分为"物质层、管理层、思想层"，周玲（2018）提出城市形象的三个要素：实体形象、媒介形象和公众认知形象。谢语蔚（2012）将其分为政治、经济、人文、地理三个方面，陈国生（2001）设计的城市形象建设评价指标体系包括环境、经济、社会三个维度。

综合以上研究可以发现，对于城市形象的含义和构成，随着工业化和城市化实践，除了物质性实体，相关研究者增加认知和思想这一人文性层面，突出传播和媒介的建构功能。有研究提出"城市媒介形象"的概念，认为媒体通过新闻报道、图文、视频等各类传播符号，能够构建与呈现城市的媒介拟态形象，是舆论对城市实体形象的一种反映（周玲，2018）。城市的国际知名度可以理解为符号阐述和特定文化特征选择的结果。由此，作为影响城市形象生成和建构的重要因素之一，大众媒介的传播问题受到关注。

（2）城市形象传播：影响因素和提升策略

大众传媒报道的数量和频率影响着人们对城市形象的感知，改变了城市在日益增长的世界城市等级结构中的地位（Kavaratzis，2004）。如果将现有城市形象研究分为"定位、规划与设计"、"营销研究"和"传播研究"三个部分，那么"营销研究"和"传播研究"则代表城市形象在更加注重人文性之后，对媒介和传播问题的进一步关注，即由实体景观扩展至社会文化和内在的精神心理层面。相关研究开始重点从社会文化、媒介等范畴审视城市形象的生产、传播和消费，提出城市形象的提升策略。

第一，城市形象传播的影响因素。何国平（2010）提出，城市形象传播框架模型由利益相关者策略、城市营销策略、大众传媒策略和文化策略四大策略构成。他认为，城市形象传播的具体实践与案例往往不是排他性单一策略，而是经过城市形象传播的现状评估、问题诊断、修复方案与目标愿景等技术环节后形成的具有结构性、功能性的多元复合的策略组合。张鸿雁、金元浦、于世宏等提出具体策略，包括重视城市形象的理念、行为和视觉设计，设置主题事件等。部分学者关注到文化的力量。崔丽莎认为，文化是城市进行差异化品牌定位的根基，对塑造城市形象具有强大的带动和凝聚作用。何国平（2010）认为，文化策略就是在城市形象元素的资源库中提炼与发掘能体现城市精神的地脉和文脉，为城市形象传播提供身份性内容和手段。

第二，城市品牌营销和媒体传播。营销学理论将品牌的概念引入城市形象传播研究，城市传播即构建推广城市品牌。菲利普·科特勒指出，任何一个国家、任何一个城市都可借鉴企业营销策略包装自己。居易提出"形象经济"，提醒利用公关思路对城市进行宣传。杨开忠指出，将市场营销理念运用到城市管理中，将城市形象传播看成品牌推广。同时，传统媒体和新媒体是城市品牌营销中的重要传播主体。笔者以"城市形象传播"为关键词在知网检索近年论文发现，以新媒体作为提升策略的论文数量逐年增多。陈红（2009）提出，城市形象要借助媒体广告、媒介事件进行多样化营销传播，以提升城市形象知名度。曾明瑞（2012）以《广州日报》为例，讨论媒体报道与广州城市形象建构的关系。刘路（2009）认为，城市形象传播理念的创新路径是由小传播转向大传播，即从以报纸、广播、电视等传统媒体作为媒介的传播转向以互联网为代表的新媒体传播。

除了传统媒体和新媒体，李宗诚（2007）研究了节事活动与城市形象传播的关系，他提出节事活动汇集了城市物质、精神、社会等层面的因素，本身就是能够集中展示城市风貌、多层次传播城市信息的媒介，具有独特的传播效应。范文静（2015）、黄玉蓉（2007）、贾宁等（2012）、陈奕和周园芳（2012）等分析了文学、电影、创意产业园区、赛事活动、宣传片等因素与城市形象传播的关系。面对城市高质量发展的新时代命题，扩展现实、人工智能、云计算等一系列新兴技术和媒介变革给城市形象传播带来新理念、新机遇与新挑战。王敏探讨元宇宙赋能城市品牌传播的价值，立足智媒技术视角，从内容、技术与管理三个方面提出构建城市品牌传播新生态。

（3）城市形象的定量测评

就城市形象传播指标而言，现主要有如下指标体系。

第一，人民网舆情数据中心、人民网新媒体智库的《全媒体与新路径：城市国际互联网形象研究报告》。该报告以"国家中心城市"为范围确定国内城市选取范围，综合丝路节点城市 2.0 指数、全球化与世界城市研究网络指数（GAWC 指数）、全球城市竞争力研究指数（GUCP）确定国际城市选取范围。测评维度包括媒体报道影响力、综合社交影响力、图片社交影响力、视频影响力、短视频影响力。

第二，2023 年 3 月 27 日，IP SHANGHAI 上海城市形象资源共享平台与上海交通大学中国城市治理研究院联合发布的《全球城市形象数字传播研究报告》。该报告面向全球城市数字化转型进程，深入研究数字时代城市传播的特点与趋势，推动全球城市形象数字传播的指标体系建设。全球城市形象数字传播指标体系由数字内容生产、数字传播渠道、数字传播参与、数字传播效果等 4 项一级指标及 12 项二级指标构成。

第三，浙江大学传媒与国际文化学院发布的《中国城市国际传播影响力指数报告》。2022 年 11 月 26 日，《2022 中国城市国际传播影响力指数报告》（City International Communication Index，CICI）发布。该报告以城市国际传播指数构建指标评估体系，选取网络传播影响力、媒体报道影响力、社交媒体影响力、搜索引擎影响力、国际访客影响力五个维度作为一级指标，对中国城市国际传播影响力进行较为全面的评估。

第四，北京外国语大学国际新闻与传播学院开发的城市国际传播能力指数。该指数尝试突破对媒体传播效果的依赖，从以城市政府为主体的视角出发，探索新时代城市国际传播能力的评估体系。该指数包括基于硬实力（政府、大型活动、经济、人员）和软实力（语言、新媒体、形象）两个维度的三级评价体系。

此外，韦路、左蒙和李佳瑞（2019）提出国际传播能力的评估标准，选取网络宣传、媒体报道、社交媒体、搜索引擎和国际访客五个维度，收集专业新闻数据库、国际社交媒体、国际搜索引擎以及国际旅行网站数据，展示中国城市形象国际传播影响力状况。姬煜彤和张强（2019）提出"全球城市国际传播力指标体系"，包括"国际传媒""城市声誉、品牌与创新力""文化交流""城市外交""国际会展""国际旅游""国际交通与信息网络"7 个一级指标和 22 个二级指标。

3. 范式二：作为媒介的城市

（1）芝加哥学派的城市和传播

在提出"城市传播"概念的《C 时代：城市传播方略》一书中，王安中和夏一波（2008）讲述了 21 世纪 C 时代的四个特征：21 世纪是城市（City）的世纪，21 世纪是创意（Creativity）的世纪，21 世纪是消费（Consumption）的世纪，21 世纪是传播（Communication）的世纪。第一个范式揭开了城市和传播两者关系的一个方面，将城市视为"管道式"传播的内容，思考传播的主体、渠道、效果问题，城市传播即传播城市。由上述文献梳理可知，沿着这一思路，城市传播的重点，自然转化为城市形象的文本传播策略和效果问题。

这一范式来自以施拉姆为代表的传播学主流学派。施拉姆在《人类传播史》一书中分析了人类社会中城市对于媒介的作用。从这一视角对城市进行理解，为媒介的发展运作提供了一个高度复杂、互动频繁的社会背景。固定的城市在前，被影响的媒介在后。作为第一个范式的城市形象传播研究，即沿袭这一思路，不过是反过来看，具有信息传播功能的大众媒介反作用于城市的建设发展，从而抽离了传播和城市之间的复杂关系，这来自古希腊城邦时代对城市和交流两者的共同体认，以及现代以来芝加哥学派的敏锐观察。

即便不论更早时期对城市和交流/传播的关注，实际上，城市传播研究也能追溯到 20 世纪中期芝加哥学派的城市交往思想，这一思想将其与传播学主流学派相区分。以齐美尔为代表的欧洲社会理论为芝加哥学派提供了重要的启发，社会作为"有机体"，"交往"是其中非常重要的构成原因和运行机制。第一，城市也是有机整体，城市个体参与共同生活，发挥不同于其他人的独特作用。杜威提出，现代城市需要经过向"大共同体"的转变，"共同体"体现着"交往"的思想。第二，交往发生于城市的物理空间和心理空间。城市既拥有街道、建筑、围墙等实体的地理空间，也拥有观念、情感上的心理空间。一是个体通过交往等互动构成自己，城市社会生活也因此而存在；二是城市及城市生活与人的心理状态纠缠在一起。

随着芝加哥学派对交往之于城市的关注，城市已经进入传播学的视野，空间和媒介呈现新意义，城市的媒介属性被重新发现。有研究指出，芝加哥学派本质上都将正在崛起的现代传播媒介看作恢复或重建交往"共同体"的力量，以纠正工业化、城市化和移民运动带来的破坏（殷晓蓉，2012）。佐藤卓己也在《现代传媒史》中将城市视为媒介，即由于人类交流和实践等产生互动关联的聚集场所。以此来说，如果就城市传播话题，至少需要有双向互动的考虑，比如，媒介和城市空间如何实现互相构成和改变。作为笔者总结的第二个范式，这一思路在数字技术革命的条件下为国内研究者所重新关注和提出。

（2）数字技术革命下的城市传播范式转型

数字技术革命和进一步的城市化进程，冲击和改变着原有的社会关系、传播格局以及人类的存在方式，城市传播迎来范式转型。在实践层面，媒介和城市的融合变得更为紧密，人类生活在媒介之中。孙玮（2012）考察"传播"概念的变迁，认识到传播重点从物质肉身在实体空间的"在场"，转向跨越实体空间的虚拟信息的"传递"。古希腊时期，城市、空间和公共交流融为一体，空间参与各种关系的建构，集交流信息、表达意见、休闲娱乐、公共表演于一体。但长期以来，空间（城市）维度被忽视，需要重新发现城市的媒介功能。按这个思路，城市的发展历程，也即自然媒介化、技术化的过程，城市是"人的境况和作为交流的基础设施"（陈中雨，2019）。城市、个体、媒介，在具身体验中呈现紧密的重叠、并置和纠缠。

2011年，"传播与中国·复旦论坛"举办。孙玮（2011）以外滩为对象，讨论城市空间作为媒介对市民社会交往关系、日常生活的作用。随后，吸收列斐伏尔、麦克卢汉、梅罗维茨等的理论观点，认识空间和媒介的多维度意义，以城市实体空间作为媒介展开个案分析，成为一些学者的研究兴趣，从而改变城市传播学聚焦大众媒介、品牌要素和城市形象关系的研究思路。城市实体空间作为媒介，不仅提供人们进行公共交往的平台，而且构筑了城市居民的集体记忆和地方感。这一思路，将报纸、电视等大众媒介的信息传播，与人际的私人或公共交往，以及建筑物、街道公共空间的文化意义等并置。道路、公园、广场、博物馆等，都是联系城市主体、传承城市文化、传播城市文明的重要形式。

城市和传播的关系是一个古老的命题，有着不同的理解向度。对城市来说，传播不仅是信息传递和呈现，城市存在于传播之中，依靠传播，城市网络和关系得以建立。数字技术革命重新构造人际关系和社会形态，展现城市和传播关系的丰富性。具体而言，其一，传播不仅是信息运输工具，同时具有主观阐释的非功能层面，例如凯瑞的"传播仪式观"；其二，传播媒介包括实体空间，在人类的城市生活中，实体空间，诸如广场、街道、建筑物等，都是非常重要的具有构筑意义、能够传递信息的媒介；其三，传播及媒介的目的，并非仅在于社会整合；其四，传播的基本单位及其边界，不仅限于民族国家，还包括更加多元的共同体（孙玮，2012）。

此外，在实践层面的城市评估，复旦大学信息与传播研究中心提出"可沟通城市"（复旦大学信息与传播研究中心课题组，2012）理念，区分出地理网络、信息网络和意义网络三个维度，三者之间相互重叠、相互影响。

4. 数字技术革命下的城市形象全球传播

数字技术革命的浪潮和全球化进程交叠和融合，为城市形象全球传播的实践和研究带来重大影响和启示。"城市形象全球传播"处于两条研究脉络的交点，笔者回顾相关文献，认为这一交点体现在以下三点。第一，数字技术成为城市形象全球传播的第一要素。第二，全球传播的城市转向越发显著。第三，"全球城市"成为全球传播网络的重要节点。

（1）数字技术：城市形象全球传播的第一要素

关于城市传播研究的阶段分期，数字技术革命尤其是媒介融合实践作为一个独立、全新的时期，已经成为共识，这体现出技术的力量。例如，清华大学《短视频与城市形象研究白皮书》提出，城市形象传播分为"前移动互联网时代、移动端图文时代、移动端短视频阶段"三个阶段。另有研究说明，城市形象传播研究历经传统媒体—新媒体—媒体融合的转变（窦文娜，2021）。其中第三层革新，体现在从媒体融合视角分析城市形象传播的提升策略方面。

如前文所述，目前对数字技术和全球/城市传播研究的关系，大多研究集中在基于传播"传递观"的传播格局转变、传播效果提升方面。姚建华和常峥（2024）提出，全球技术革命对国际传播策略和路径提出更高要求，包括主体多元、渠道下沉、平台社会传播危机和策略等。此外，谢语蔚（2012）结合"议程设置""两级传播""分众传播"理论，分析都市品牌形象案例。邓元兵和范又文（2021）、杜积西和陈璐（2019）分析短视频平台对城市形象的塑造传播。

数字技术的影响，不止于此。技术迭代之下的网络社会，媒介和全球、媒介和城市形成新的互嵌，人类通过媒介实践形成新的全球和地方经验，全球传播和城市传播不断被解构和再构成。芝加哥学派所提出的空间认同、公共参与、地理媒介、意义生产等问题，既需要进入城市形象传播的研究中，也需要进入全球传播理论的研究中，以此来推动媒介和传播领域的理论转型和实践支持。面对汹涌的数字技术革命，提出并尝试构建"城市形象全球传播"这一交叉性领域，是对这一需求的回应。

（2）从全球走向城市：城市作为全球传播新转向

有学者已经开始关注"全球地方"视角下的中国国际传播新格局，并组织了一系列讨论。地方在全球传播研究中出现，在实践层面，主要是因为在国家战略部署和动员下地方传播机构的建立和快速发展，包括地方主流媒体集团、国际传播中心、县区级融媒体中心等。尤其是各类地方国际传播中心，已经成为中国特色战略传播体系构建的关键动能之一（张毓强、姬德强，2024），例如广东、山东、重庆等地。面对这样的社会现象，有研究认为"全球–地方"视角具有相当大的阐释力，凸显出地方国际传播工作面临的全球社会图景。不同国家的不同城市和地区，能够在全球社会图景中形成媒介和传播实践的互动。

沿此思路，已经聚焦于城市和地区媒体案例的全球传播研究，至少需要深入讨论不同城市和地区的特殊性、普遍性，以此说明国际传播工作的"中央–地方"立体化格局。笔者发现，刘雯靖和邹军（2023）关于粤港澳大湾区国际传播核心价值、区域品牌和数据共通的讨论，已经意识到粤港澳大湾区在全球交往中的独特价值、独特品牌和行动逻辑。张毓强认为，除地理范畴之外，还应从媒介意义角度深入思考粤港澳大湾区。"湾区在历史和现实双重维度都起到地方性媒介的作用，而战略统筹基础上的'粤港澳大湾区'是否能够成为新时代中国面向世界的区域性媒介？""如何思考湾区地方文化的地域性与独特性？"将城市作为媒介，以此为基点思考全球城市的传播实践，才能真正理解和讲好城市故事。

（3）从城市走向全球：城市传播的全球化趋势

城市深度嵌入全球运作的过程，与全球城市各方面竞争白热化、新媒介技术发展紧密相关。全球传播力是指一个国家或地区文化信息的传递和扩散能力，是文化软实力的重要物质载体和最终得以实现的中介要素（姬煜彤、张强，2019）。在当下环境中，一方面，城市传播力更为深刻影响和塑造着国家的全球传播力；另一方面，作为媒介的全球城市，以信息传播运作组织构成了全球传播网络，城市成为国家全球传播实践的"基底"。

在城市形象传播研究中，全球要素的引入带来的主要意义是，能够关注到城市和海外媒体、用户的互动关系。具体而言，一是城市的海外形象。王大可和李本乾（2020）依托全球媒体有关广州的报道，从政府主导、国家战略、技术创新、数字产业等方面提出建议。二是海外媒体和用户的文本和话语。姬煜彤和张强（2019）提出综合运用大众传媒、涉外活动、人际传播等多种方式提升国际话语权，徐杰（2020）研究在济外国人对济南的城市印象和媒介使用。三是国内媒体创办的海外传播机构。比如，邵云（2020）以北京市政府在 Facebook 上开设的城市官方账号为研究对象，探讨社交媒体提升城市国际形象的对策。总之，在全球化趋势下，该范式聚焦城市形象的全球渠道和全球传播效果。

第二个范式为推进城市传播研究和全球要素的进一步融合提供支持。全球化不仅为城市形象传播提供海外经验，而且从地理空间、基础设施、历史文化等多种因素上，作为新维度、新场域、新视野，打开城市传播研究的丰富空间，回应当今社会生活日益全球化、媒介化、网络化的总体趋势，以传播观念来重新思考并定义城市的新城市主张（复旦大学信息与传播研究中心课题组，2015）。

（三）深圳城市形象全球传播研究综述

1. 深圳城市形象传播研究的主题

最早研究深圳媒体和传播的文章发表于 2001 年，刘强和蔡大明（2001）以深圳电视台形象为例，讨论视觉文化理念传播的重要途径。2009年后，与"深圳传播"相关的文章增多。笔者检索数据库，2009～2023 年，相关文章主要分为以下三类主题。

第一，深圳主流媒体栏目、频道、板块和系列报道等。陈寅（2011）回顾了《深圳特区报》大运报道的多维整合传播策略，提出构建多角度、多层次、全方位的报道体系等。胡恒芳和叶晓滨（2015）分析了新传播格局下《深圳特区报》的全国两会报道。陆剑伟（2009）以整合营销传播理论为基础，研究《深圳商报》房地产广告营销传播的现状、问题和营销体系。徐华强和钟铮（2022）分析深圳卫视《军情直播间》，探索全媒体时代内容产品的全新传播策略。夏献法（2020）以深圳晚报"重聚首再出发"为例，研究深圳城市文化的建构和传播策略。李秋妮（2020）以《宝安日报》文化周刊为例，讨论以故事化、本土化视角记录"深圳文化"的媒体文化传播方式。邓含能（2014）以英文版《深圳日报》为例，分析地方英文报纸的国际传播策略。陈国昌（2020）对英文版《深圳日报》进行研究，强调地方对外媒体的跨文化传播策略。王云霞（2021）针对深圳卫视对港传播实践，研究提高传播有效性的方式。2018 年后，尹连根（2018）、阮飞宇（2018）、廖双来和魏遵明（2019）、邓自强（2019）、彭健（2022）等学者集中研究了深圳报业集团、深圳广电集团两家深圳主流媒体集团下属媒体、平台融合转型的不同案例。罗赛（2022）、包文君（2023）、余人和沈颖仪（2023）等学者从政务媒体的健康传播等角度，分析"深圳卫健委"公众号的传播经验。

第二，深圳城市文体活动。张哲（2020）梳理了体育赛事和城市传播的互动关系，指出 2018 年世界无人机锦标赛对深圳城市文化形象、人文环境、产业和地方认同的影响。王桂红（2012）、李国惠和黄国鹏（2012）以2011 年深圳大运会为例，讨论大型体育赛事与城市形象传播的关系。张罗（2009）讨论了 2008 年北京奥运会期间"北京奥运文化广场·深圳月"的传播策划，总结出按照传播规律运用不同媒体形式，借助奥运热点推介深圳城市品牌等经验。陈海燕（2019）认为，深圳广电集团 2019 年承担央视春晚"深圳七分钟"以及深圳春晚两项任务，实现了深圳城市形象在社交平台的裂变传播。王瑞娇（2017）以文博会为例，提出会展产业作为文化领域新兴产业在文化交流和传播、国家形象塑造上的重要作用。袁侃（2023）以"深圳国际时装周"为例，探讨提升城市文化国际传播力的路径。李妍（2022）提出将城市阅读活动"深圳读书月"作为深圳城市文化名片的品牌传播策略。纪冬梅（2018）指出深圳观澜街道全民阅读推广活动对于全民风尚、社会经济发展的传播价值。

第三，与深圳相关的符号、标语、话题等。翁惠娟和张玉领（2012）提出，深圳围绕"深圳十大观念"开展的系列宣传推广工作，极大提升了深圳城市形象的知名度和美誉度，成为城市形象塑造和传播的成功范例。余灿灿、谢兆岗和肖喻（2020）研究新时代深圳精神的传播内容、渠道等。王晓华（2009）以"深圳社会治安"为议题探讨大众传播、人际传播和直接经验对公众议程设置的影响和涵化效果。覃晓燕（2022）指出深圳电影、纪录片、电视和电视栏目以及动漫及其衍生品在深圳城市形象构建中的作用。

2. 深圳城市形象传播研究的特征

第一，历来重视本地主流媒体的融合转型和传播效果。早期对深圳传播的研究以本地主流媒体为主要对象。一是对《深圳特区报》、《深圳商报》、《深圳晚报》、深圳卫视等媒体进行文本分析，意在分析新闻报道质量的提升策略；二是从新闻内容产品视角，分析上述媒体的传播功能、策略和效果；三是新媒体技术崛起尤其是 2018 年后，讨论上述媒体内容、经营等方面的融合转型之路。

第二，逐渐关注深圳文体活动、精神观念和城市形象传播的关系。近年来，一些研究者开始将大运会、文博会、深圳读书月等本地活动和"深圳十大观念"等纳入传播研究视野。这一主题的落脚点是深圳城市形象的生成、塑造和传播。张哲（2020）以 2018 年世界无人机锦标赛的申办、筹办和举办过程为例，从文化、地方认同、产业和人文环境四个方面说明体育赛事的"传播价值"，促进城市精神传播、展示城市特色风貌等。邱柔柔等（2023）聚焦新冠疫情防控期间深圳管控区的"媒介经验"，论述社区基层传播与社区应急治理的互动。提出基层社区具备"媒介优势"，能够利用新旧媒介技术发挥传播力，形成对社区居民的动员。这即是说，城市社区等实体空间，也具有媒介实践层面上的特殊性，能够与信息传播形成互动。

3. 深圳城市形象全球传播研究的特征

早期对深圳城市形象全球传播的关注，来自涉外主流媒体或栏目的传播实践研究。例如，邓含能（2014）、陈国昌（2020）、王云霞（2021）等分别对英文版《深圳日报》、深圳卫视《直播港澳台》进行跨文化传播、国际传播策略和效果的讨论。上述研究大致包括明确城市定位，突出新闻报道特性（例如服务性、引导性、本地化、针对性等）和"故事化"，加强报纸品牌建设，打造全媒体传播渠道，注重受众等方面。

近年来，深圳城市形象全球传播研究的重点也发生明显变化。首先，有学者运用经典传播理论，突破主流媒体视角，从整体上提出策略。刘晓玲（2023）运用了"自塑与他塑"的理论框架，她认为，提升深圳城市文化传播力，需从内容的生活化视角和通俗化表达、传播主体的多元化和意见领袖发声、整合和吸引海外媒体资源、加强与多元媒体平台合作等方面入手。张荣刚和罗忠政（2013）指出，深圳城市形象全球传播策略包括主流媒体多元平台报道、国际交流和合作、品牌推广（例如举办文化节庆活动、参与国际活动、设计城市标志）等。其中除了对本地主流媒体的关注，文博会、国际时装周等城市文体活动对塑造国家形象、提升国际传播水平的作用受到重视。此外，他们还提出：城市营销是传统外宣升级版的国际化表达，它视城市为"产品"，借用商业营销的模式和手段，为满足目标市场需求而进行的规划、设计和推广。深圳构建新型城市营销体系，包括品牌营销和事件营销两部分，事件营销即组织和举办重大活动。

其次，严格运用社会科学研究方法，对深圳国际形象和国际传播效果进行量化描述和评估，设计框架体系。林家钏和严艺沁（2023）以2018年暨改革开放40周年以来 X（原 Twitter）用户的深圳相关英文推文为研究语料，通过三级编码对深圳的国际形象进行定性分析，从而探讨 X（原 Twitter）用户从认知深圳到认可深圳形象的思维路径，并提出塑造深圳国际形象的对策方法。姚曦、郭晓谡和贾煜（2023）建立城市品牌国际传播效能的评价指标体系，分析城市品牌国际传播效能生成的理论进路，并对深圳城市品牌国际传播效能各维度的投入与产出水平进行可视化分析。

由此可见，按城市传播两个范式的区分，目前，深圳城市形象全球传播研究遵循第一个范式，即将城市各要素视为不同传播类型（例如全球传播、文化传播）的资源、平台、内容和场景，形成营销学意义上的品牌概念。近年来，在这一范式下展开的深圳城市形象全球传播研究，有效开拓了研究对象的范围和空间。具备全球传播价值的主体不只包括涉外主流媒体，还包

括精神观念、城市符号、文体活动、实体空间（例如基层社区）等。城市
传播研究的第二个范式，可以帮助我们追问，数字技术革命下的全球传播，
是否还存在其他作为全球传播主体的城市要素？城市各要素如何发挥全球传
播的作用？这彰显了城市和传播的什么关系？

（四）研究问题和研究框架

按词源上"媒介"的内涵，一是指"中介机构"或"中介物"，二是
指技术层面，如声音、视觉、印刷，三是指资本主义（黄旦，2019）。本书
之所以提出"新媒介视野"，意在从媒介学、城市学的跨学科视角下，重新
理解媒介及其实践的多重含义，从而打开人类传播的不同维度，为全球传播
研究提供新的滋养。同时，引入"城市"的意图，不在于规定全球传播的
地理边界和实践场景，而是试图对全球传播研究提出一种新的话语尺度和实
践方式。

新媒介视野下的城市形象全球传播有以下内涵。第一，"媒介"不只是
狭义的媒体机构和具有信息传播职能的社会机构，更是具有"中介"属性
的机构、空间、组织等广泛内涵。城市的公共空间、文化活动、文化节庆等
主体和要素，影响全球传播理论和实践。第二，从"全球-地方"的结构性
视角切入全球传播，城市（例如深圳）作为全球传播网络中的节点，具有
组织各种媒介的力量，这一力量在全球流动和转移。本书分析深圳城市形象
在全球传播中的独特路径，为深圳的国际传播工作提出对策。

本书包括以下几章。第一章，介绍研究的背景、方法和意义，评述文
献，提出研究问题。第二章，借助数据分析等手段，分析深圳城市形象和国
际传播工作的意义、现状、条件和不足，尤其是在新媒介视野下深圳城市形
象全球传播所具备的创新要素。第三章，从"全球-地方"的结构性视角，
总结归纳中国和海外城市或地区形象的全球传播经典案例。第四章，提出城
市形象全球传播的一般性特征和规律。第五章至第八章，在新媒介视野下，
结合对城市形象全球传播一般性特征和规律的讨论，以都市报刊栏目、城市
音乐文化、区级融媒体中心、国际化街区建设等深圳实践为案例，分析深圳

城市形象全球传播体系的编织和运作。第九章，从全球观念、平台、空间、文化四个方面提出新媒介视野下深圳城市形象全球传播的创新路径。

本书综合运用案例比较、实证调查、数据分析、归纳和演绎等方法开展研究。第一，对海内外不同城市/地区形象的全球传播案例进行比较分析。第二，运用访谈和田野调查等方式，将有关宣传部门、主流媒体和传播机构的意见作为研究一手资料。第三，借助数据分析技术，以全球公开数据为样本，而不局限于部分平台的数据，测度城市形象和全球传播指标。第四，对现有研究成果进行理论重构，使用跨学科理论打开全球传播研究的视野，归纳对策性成果。

总之，城市形象全球传播，即以全球为网络、以城市为节点，讨论人类在不同实体地理空间的交流/传播问题。本书在新媒介视野下，分析数字技术时代深圳城市形象全球传播的规律、特征和实践案例，提出提升深圳城市形象全球传播能力的建议。

第二章

深圳城市形象全球传播的概况和创新要素

一　深圳城市形象全球传播的意义和现状

党的二十大报告指出，"增强中华文明传播力影响力""加强国际传播能力建设，全面提升国际传播效能，形成同我国综合国力和国际地位相匹配的国际话语权"。从南海之滨默默无闻的边陲小镇，到具有国际影响力的创新之都，作为中国改革开放的前沿阵地，深圳的一举一动都受到海内外关注。

本部分阐述了深圳城市形象全球传播的必要性和重要性，梳理了深圳城市形象传播的历史和现状，并运用大数据手段分析海外主要媒体对深圳城市形象报道特征。

（一）必要性和重要性

1. 加快推进媒体深度融合的必然要求

互联网为新闻传播行业带来颠覆性变革，推动舆论生态、媒体格局、传播方式的深刻转型。建设新型主流媒体，从而牢牢掌握舆论主导权，是新闻战线面临的一项紧迫课题。党的十八大以来，习近平总书记多次对媒体融合发展提出明确要求，为推动媒体融合发展指明了前进方向、提供了根本遵循。

在媒体融合过程中，国际传播的观念和实践同样发生着巨变，对媒体深度融合的进程和成效具有深刻影响。一方面，传统媒体要发挥自身优势，通过媒体融合进一步拓宽发展空间，国际传播迭代升级有赖于主流媒体的深度融合。另一方面，传播主体、产品、服务、渠道和平台转型改革的重要方面就是推动国际传播实践。可以说，国际传播成效是媒体深度融合的重要坐标。

从媒体融合的政治逻辑来看，深圳加强国际传播能力建设，也是意识形态的全球宣传所需。新媒介视野下，国际传播的主战场转向互联网，主渠道转向移动端，政治、经济、文化、社会等都需要全时空、全场景、全要素、全媒体的平台。在这一背景下，应加强国际传播能力建设，打造具有强大引领力、传播力、影响力的新型主流媒体，面对海外更多用户讲好深圳故事、湾区故事和中国故事，广泛宣介中国主张、中国智慧、中国方案。主流媒体的国际传播实践转型，有助于其扩大传播力和影响力，巩固和壮大主流舆论阵地。

2. 高质量文化强市建设的重要动力

2019 年 8 月，中共中央、国务院颁布《关于支持深圳建设中国特色社会主义先行示范区的意见》，将"城市文明典范"作为深圳的五大战略定位之一，要求深圳"率先塑造展现社会主义文化繁荣兴盛的现代城市文明"，这是将城市文明作为城市发展的战略目标进行规划。

文化是凝聚力量的精神纽带、推动发展的支撑，关系民生福祉和人的全面发展。文明，是一种社会积淀、一种城市气质，能够夯实城市的幸福之基、塑造城市的精神之源。当前，深圳统筹推进文明培育、文明实践、文明创建高质量发展，全面实施文化软实力跃升行动，加快高质量文化强市建设，持续打造全国文明典范城市。2024 年，深圳市《政府工作报告》提出，"持续提升城市文化软实力和影响力，积极打造展示中华民族现代文明的重要窗口"。

深圳加强国际传播能力建设，面向世界开放发展，是开展高质量文化强市建设、打造城市文明典范的重要动力。在《打造"五个典范"构建社会主义文化强国的城市范例项目清单》中，也提出实施对外传播工程。城市的全球传播实践，将城市嵌入全球传播场域，增强城市跨地域、跨文化和跨文明的媒介性。一方面，城市作为传播的渠道和支点，能够强化全球传播效果，塑造城市的国际形象；另一方面，城市也处于全球文明的传播和影响之中，能够推进文明文化全球素养建设。

3. 建设中国特色社会主义先行示范区的责任使命

党的二十大报告提出党的中心任务，彰显了中国式现代化的宏伟蓝图、壮阔前景。《关于支持深圳建设中国特色社会主义先行示范区的意见》明确了深圳城市的战略定位和阶段目标：到 2025 年，深圳经济实力、发展质量跻身全球城市前列，建成现代化国际化创新型城市；到 2035 年，建成具有全球影响力的创新创业创意之都，成为我国全面建成社会主义现代化强国的城市范例；到 21 世纪中叶，深圳以更加昂扬的姿态屹立于世界先进城市之林，成为竞争力、创新力、影响力卓著的全球标杆城市。

城市是人类的历史文化现象，文化是城市的气质、风骨和灵魂。罗马和巴黎的全球地位即由城市文明文化所造就。有研究指出，城市文化体现在深厚的历史文化底蕴，先进普遍的公共设施，世界一流的教育和科学研究水平，多样化、高水平的文化艺术表现，友好、宽容的文化环境，文明的市民素质（时潇含，2023）等方面。由此可见，城市文化是城市建设发展的必要构成，也是城市走向国际的必要前提。

踏上全面建设社会主义现代化国家新征程，建设中国特色社会主义先行示范区，发展城市文化是关键要素。国家赋予深圳的这一重大责任与使命，在很大程度上需要依托全球传播实践，塑造城市文明文化立足本土、走向世界的全球特质。加强国际传播能力建设，对于使城市文化对标国际一流、汇入文明主流，从而打造全球标杆城市具有重要意义。

4. 力争成为建设社会主义现代化强国的城市范例

国际传播能力是综合国力的重要组成部分。加强对外传播历来是我国的重要工程。党的十八大以来，习近平总书记对加强和改进国际传播工作提出一系列新思想新观点新论断，作出一系列新的重大部署。在新的历史条件下推动我国国际传播转型升级，已成为系统化的整体工程，需要各方协同参与、共同推进。

作为国家形象的名片和国际交流的载体，城市在全球传播实践中的地位日益重要。深圳具有城市形象国际传播的丰富条件和独特优势，力争在2035年成为我国全面建成社会主义现代化强国的城市范例。深圳只有全面提升城市形象全球传播的能力和水平，在全国各地的全球传播实践中先行示范，才能切实推动中国国际传播能力建设，提升中国国际话语权。

5. 促进文明交流互鉴，构建人类命运共同体的时代诉求

习近平总书记关于文明交流互鉴的重要论述，深刻阐明"文明因交流而多彩，文明因互鉴而丰富"的博大思想内涵，强调文明交流互鉴是文明发展的本质要求，是推动人类文明发展和世界和平发展的重要动力。

首先，从个体视角看，文化构成了人的基本需求，对人的多元精神文化需求的满足，是城市文明的应有之义。加强国际传播能力建设，不仅有利于公民文化权利的实现，也体现了人类命运共同体的原则。深圳人来自中国的五湖四海，开放包容的文化氛围是深圳这座城市运作的重要动力，也是市民生存生活的基本文化诉求，更是未来保持蓬勃发展动力的关键所在。

加强国际传播能力建设，树立新的文明意识和传播意识，进一步推进文化和传播的开放包容，能够有效释放城市内外的双向交流能量，吸纳全球文明文化优质资源。在不断接触和碰撞中，个体实现文化需求的满足，作为人类命运共同体的一分子，真正具备国际视野。

其次，从人类视角看，人类文明由各个国家、民族和地区共同创造，互相的联络和沟通，是文明甚至整个人类世界形成的条件。众多文明各具特色，成为文明交流互鉴的基础，形成文明交流互鉴的需求。当今世界正经历百年未有之大变局，经济全球化遭遇逆流，世界经济陷入低迷。国家、地区之间摩擦增多，文明交流互鉴遇到更多的问题和挑战。

现代城市作为人类文明成果，是文明交流互鉴的枢纽和平台。深圳是中国改革开放的显著成果，是全球四大湾区之一粤港澳大湾区的核心城市，面对这一时代处境，需要积极回应人类命运共同体的时代诉求。加强国际传播能力建设，推进中国与世界各国之间的文化往来，创造更多文明交流互鉴的可能性，是深圳的必然选择。

（二）历史和现状

1.深圳城市形象发展进程

（1）深圳的城市发展阶段

深圳，位于中国广东省南部，珠江口东岸，与香港一水之隔。经济特区史虽然只有四十多年，但这一地区拥有 6700 多年的人类活动史、1700 多年的郡县史、600 多年的南头城史、大鹏城史和 300 多年的客家人移民史。汉武帝时期因珠三角盐业发达，朝廷已在今南头一带设立番禺盐官收税，史称"东官"。这便是现今深港地区历史上最早的重要行政管理建制。深圳最早的前身为宝安县，宝安作为县建制始于公元 331 年（东晋咸和六年）。朝廷置辖地六县的东官郡，辖地大概为现今的深圳市、东莞市和香港等范围。

1979 年 3 月，国务院批复同意广东省宝安县改设为深圳市。1980 年 8 月，深圳经济特区成立。改革开放后，深圳城市规划和建设逐渐走入正轨。历时四十多年发展，深圳迅速崛起，成绩斐然，经济、社会、民生、生态等发生翻天覆地的变化，真正成为中国的一线城市和全球城市。从边陲渔村到国际化大都市，深圳见证了中国改革开放的伟大成就。

本部分以深圳经济特区史为坐标轴，简单归纳不同阶段深圳城市建设发展的特点，以此作为分析深圳城市形象的时间参考。结合何逸明的研究，虽然深圳发展阶段没有明确的时间或事件标注，但仍可以根据战略定位和发展规划，分为如下几个阶段。

第一，1979~1985 年为改革开放初创期。1982 年制定的《深圳经济特区社会经济发展规划大纲》，指出深圳经济特区的经济发展战略应该是发展以工业为主，以出口创汇为主的外向型综合经济。蛇口工业区提出"时间就是金钱，效率就是生命"的口号。

第二，1986~1992 年为经济结构转型期。1986 年发布的《深圳经济特区总体规划（1986—2000）》对深圳经济特区的发展具有里程碑意义。该规划确定，深圳的城市性质是"发展外向型工业、工贸并举、兼营旅游、房地产等事业，建设以工业为重点的综合性经济特区"。深圳开始以外向型经济为主导，全面推进市场经济体制改革，系统深入迈向市场经济体制改革阶段。

第三，1993~2002年为高速发展期。1995年，深圳提出未来要成为社会主义国际化城市，在经济体制改革和运行机制上，建立社会主义市场经济体制、按国际惯例运作的先行区。1996年完成的《深圳市城市总体规划（1996—2010）》将深圳的城市性质定为"现代产业协调发展的综合性经济特区，华南地区重要的经济中心城市，现代化的国际性城市"。

第四，2003~2012年为打造国际化城市时期。2005年，深圳市人大常委会通过的《深圳2030城市发展策略》提出，以建设"可持续发展的全球先锋城市"为发展目标，将城市功能定位为"国家级高新技术产业基地、区域性物流中心城市、与香港共同发展的国际都会"。"国际化"贯穿于深圳城市建设发展的更多环节。

第五，2013~2020年为可持续发展期。党的十八大后，习近平总书记的首次国内考察，就来到了广东省深圳市。习近平总书记强调："实践证明，改革开放是当代中国发展进步的活力之源，是我们党和人民大踏步赶上时代前进步伐的重要法宝，是坚持和发展中国特色社会主义的必由之路。"2017年深圳市政府公布的《深圳市可持续发展规划（2017—2030年）》显示，深圳的城市形象建设目标是打造"可持续发展的全球创新城市"。

第六，2021年至今为"双区"驱动、"双区"叠加黄金发展期。2020年10月14日，习近平总书记出席深圳经济特区建立40周年庆祝大会并发表重要讲话。近年来，粤港澳大湾区、中国特色社会主义先行示范区建设等重大战略相继落地。深圳市第七次党代会报告指出，深圳进入了粤港澳大湾区、深圳先行示范区"双区"驱动，深圳经济特区、深圳先行示范区"双区"叠加的黄金发展期，以深圳综合改革试点牵引战略战役性改革，形成全面深化改革、全面扩大开放新格局。

（2）深圳城市形象定位变迁

城市形象和多种因素密切相关，比如政府政策、媒体传播、投融资环境、国际化企业和文旅产业等。在不同历史阶段和不同城市场景，不同因素所发挥的效用未必固定不变。在这种关系链条中，深圳的特殊性在于，具有快速成长为一线城市的建设经验和政策经验，清晰可辨的产业和区域发展周期。由此，可以凸显出，将城市发展阶段作为时间参考分析城市形象"定位"的合理性。结合相关研究，深圳城市形象定位变迁大致如下。

第一，1979~1985 年为"深圳经济特区"和"中国改革开放的窗口"。1981~1983 年，农村改革成效显著，深圳经济特区建设成就及经验得到认可。1984 年 1 月 24 日，邓小平莅临深圳考察，他指出，"特区是个窗口，是技术的窗口，管理的窗口，知识的窗口，也是对外政策的窗口"。[①] 当时的深圳，得益于国家政策的支持和引导，展现给全国人民的城市形象定位是"中国改革开放的窗口""深圳经济特区"。

第二，1986~1992 年为"综合型经济特区"。这一阶段为经济结构调整期，通过国家政策的支持和引导，深圳经济稳步发展，改革开放取得成果，工业发展地位有所巩固，市场经济改革小有所成，深圳城市形象定位是打造"综合型经济特区"。

第三，1993~2002 年为"现代化国际性城市"。处于高速发展期的深圳，经济稳步增长，产业结构不断升级。深圳开始迈入"现代化"进程，并将"国际化"作为长远的战略发展目标。《深圳市城市总体规划（1996—2010）》发布，当时的深圳以打造"现代化国际性城市"为目标。

第四，2003~2012 年为"全国性经济中心城市"和"国际化城市"。《深圳市城市总体规划（2010—2020）》提出打造"全国性经济中心城市""国际化城市"，明确指出深圳今后发展的目标与方向，描绘了深圳现代化国际性城市的蓝图。

---

① 《邓小平文选第三卷》，求是网，2019 年 7 月 31 日，http://www.qstheory.cn/books/2019-07/31/c_1119485398_18.htm。

第五，党的十八大后为"中国特色社会主义先行示范区"和"粤港澳大湾区核心引擎"。习近平总书记出席深圳经济特区建立 40 周年庆祝大会并发表重要讲话，明确要求深圳"积极作为深入推进粤港澳大湾区建设"，指出"粤港澳大湾区建设是国家重大发展战略，深圳是大湾区建设的重要引擎"。《粤港澳大湾区发展规划纲要》明确要求，增强深圳在粤港澳大湾区的核心引擎功能、更好地发挥深圳作为大湾区核心引擎城市的积极作用。目前，深圳处于"双区"驱动、"双区"叠加黄金发展期，建成"现代化国际化创新型城市"、打造"全球标杆城市"成为奋斗目标。党的二十大后，深圳经济特区肩负着建设好中国特色社会主义先行示范区、走好中国式现代化之路的使命任务。

通过梳理上述城市发展阶段和形象定位变迁的具体过程，可以发现，至少在中央和地方政策层面，深圳建设国际化城市的讨论不晚于 1993 年。1996 年完成的《深圳市城市总体规划（1996—2010）》已经将"国际化"作为城市总体建设布局中的关键内涵。此外，深圳对国际化水平的要求迅速提高，这与经济水平和城市地位的上升有关。深圳的城市发展目标和形象定位，已经从"现代化国际性城市""国际化城市"提升到"现代化国际化创新型城市"和"全球标杆城市"。由此可见，作为国际化的重要动力和评判维度，全球传播对于深圳的意义越发显著。

2. 深圳城市形象全球传播力的历史变迁

第一，1980~2020 年首次上升。陈云松等（2015）的研究表明，近三百年来，城市国际知名度较为稳定、集中。若以"深圳"为关键词进行检索，在历史层面，与北京、香港、上海、广州等地的国际知名度有很大不同。

第二，当下仍有很大上升空间。姬煜彤等（2019）发现，深圳的国际传播效果是第一梯队伦敦、巴黎等城市的 20% 左右，是北京的 35% 左右。在世界 500 强大学数量、2000 强企业总部数量、博物馆数量、城市著名品牌、国家体育赛事、艺术节和节庆活动举办次数、留学生数量，国际组织总部数量、外国领事馆数量、常住外籍人口比重这些方面，深圳有很大的发展潜力。

（三）海外主流媒体对深圳城市形象的呈现

那么，在海外主流媒体的报道中，深圳呈现什么样的城市形象？课题组组建了专门团队，利用大数据方法计算统计出海外不同语种主流媒体和深圳有关的新闻报道。基于这一数据来源，分析总结深圳当前的全球城市形象特征。

1. 研究方法

利用全球新闻数据库 Factiva，统计分析 1992~2021 年，除中文以外的 5 个联合国官方语种（英文、法文、俄文、阿拉伯文、西班牙文）的海外主流媒体报道，共计 2041069 篇。检索时以中文"深圳"在英文、法文、俄文、阿拉伯文、西班牙文中的对应词为关键词，检索时间段为 1992 年 1 月 1 日~2021 年 12 月 31 日，排除中国的媒体报道。

虽然在检索时已对关键词"深圳"的语种进行了限定，但由于大部分语种中"深圳"的对应词与英文"Shenzhen"一致，因此得到了多于 5 个目标语种的新闻报道样本。最终汇总了 100 家海外主流媒体自 1992 年深化改革开放以来关于深圳的所有新闻报道。

2017 年 7 月 1 日，《深化粤港澳合作　推进大湾区建设框架协议》在香港签署，表示粤港澳大湾区建设正式迈入新阶段。在此背景下，本书选择 2017 年 1 月 1 日~2021 年 12 月 31 日的新闻样本进行重点解读，由此展现全球重点媒体对深圳城市形象呈现的侧重点和发展脉络。

2. 海外主流媒体对深圳的报道量分析

（1）报道量在波动中上涨：2014 年达最高峰，2017 年后恢复上升

如图 2-1 所示，1992~2021 年，海外主流媒体涉及深圳的报道量从最低峰 1992 年的 5439 条，到最高峰 2014 年的 145033 条，增长了约 25.7 倍。其中，1992~2009 年的报道量稳定上升，2009~2013 年的报道量近乎直线上涨，至 2014 年达到最高峰，2014~2017 年，海外主流媒体对深圳的关注度有所下降；自 2017 年《深化粤港澳合作　推进大湾区建设框架协议》正式签署后，海外主流媒体涉及深圳的报道量重新平稳上涨。

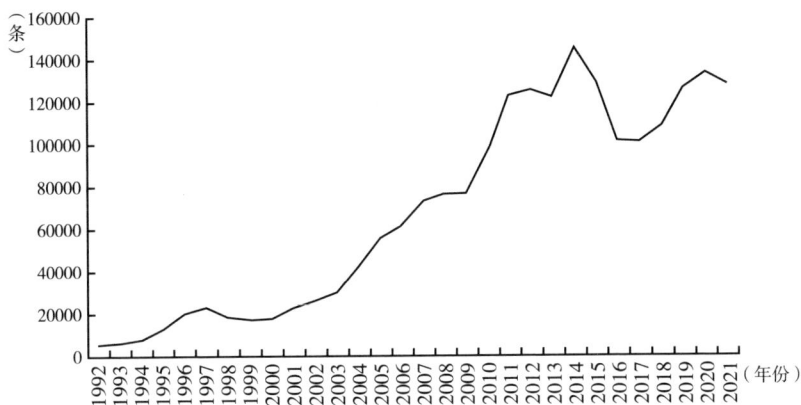

图 2-1　1992~2021 年海外主流媒体涉及深圳的报道量

（2）英语新闻的报道量最多

通过分析 2017 年 1 月 1 日~2021 年 12 月 31 日的重点新闻样本，根据新闻报道量排名前 20 位的语种使用情况，课题组发现，英文新闻报道量最多，其次是俄文、德文、西班牙文、葡萄牙文。排名靠前的语种主要分布于西方发达国家（见表 2-1）。

表 2-1　新闻报道量排名前 20 位的语种

排名	语种	排名	语种
1	英文	11	荷兰文
2	俄文	12	挪威文
3	德文	13	韩文
4	西班牙文	14	保加利亚文
5	葡萄牙文	15	西班牙加泰罗尼亚文
6	意大利文	16	波兰文
7	法文	17	丹麦文
8	日文	18	阿拉伯语
9	瑞典文	19	匈牙利文
10	印尼文	20	马来文

（3）西方发达国家主流媒体是全球报道深圳的主要力量

课题组进一步分析重点新闻样本，得到报道中排名前 15 位的海外主流媒体（见表 2-2）。

表 2-2　报道中排名前 15 位的海外主流媒体

单位：条

排名	媒体名称	所属国家	报道量
1	道琼斯通讯社（Dow Jones Newswires）	美国	127659
2	Prime 通讯社（PRIME）	俄罗斯	65894
3	路透社（Reuters）	英国	26080
4	美通社（PR Newswire）	美国	14625
5	法新社（Agence France Presse）	法国	10209
6	iCrowd 新闻专线（iCrowd Newswire）	美国	6897
7	安莎通讯社（ANSA）	意大利	5935
8	埃菲通讯社（Agencia EFE）	西班牙	3585
9	《外交》杂志（Foreign Affairs）	美国	3569
10	《米兰财经报》（Milano Finanza）	意大利	2952
11	《华尔街日报》（Wall Street Journal）	美国	2157
12	《德国年度联邦公报》（Bundesanzeiger Jahresabschluss）	德国	1627
13	CNN	美国	1598
14	Europa Press	西班牙	1591
15	The Australian	澳大利亚	1431

排名第 1 位和第 2 位的海外主流媒体为道琼斯通讯社和 Prime 通讯社。两家媒体均为商业财经信息提供商，分别来自美国和俄罗斯，专注金融和经济信息的收集、处理和传播。排名第 3 到 5 位的是路透社、美通社和法新社三家大型国际新闻通讯社。报道量排名前 15 位的海外主流媒体归属国包括美国、俄罗斯、英国、法国、意大利、西班牙、德国、澳大利亚。

结合报道语种统计分析，西方发达国家的主流媒体是在国际舆论场上报道深圳的主要力量，说明与深圳相关的信息受到西方发达国家受众的关注。

（4）与深圳相关的动态是海外主流媒体重要的中国议题

根据 Factiva 全球新闻数据库对重点新闻样本的关联词进行提取，课题组得到这些涉及深圳的新闻报道中同时涉及的其他国家或地区。如表 2-3 所示，排名第 1 位的相关国家或地区是中国（不含港澳台），说明海外主流媒体在报道中国议题时，与深圳相关的动态是重要的报道关注点之一。排名第 2 位和第 3 位的相关国家或地区，依次为俄罗斯和美国。排名第 4 位和第 5 位的分别是广东和中国香港，体现了深圳位于珠三角地区的地理特点。排名前 20 位的国家和地区基本上是发达国家和地区，说明深圳的城市形象与国际发达地区挂钩。

表 2-3　涉及深圳的海外主流媒体报道中提及量最多的前 20 位国家/地区

单位：条

排名	国家/地区	报道量	排名	国家/地区	报道量
1	中国(不含港澳台)	333241	11	英国	19464
2	俄罗斯	94835	12	北京	18120
3	美国	94415	13	亚洲	16787
4	广东	88080	14	德国	16192
5	中国香港	67047	15	亚洲太平洋	14431
6	东亚国家	36283	16	意大利	13120
7	大中华	30914	17	澳大利亚	12993
8	上海	27453	18	法国	10902
9	欧洲	20877	19	非洲	9623
10	日本	20829	20	西班牙	8827

3. 海外主流媒体报道中的深圳城市形象

在同样的搜索时间范围内，以"标题中含有关键词'深圳'"为筛选条件，在所得新闻样本范围内进行二次筛选，并获取二次筛选后的新闻文本，得到英文新闻报道 48913 篇，阿拉伯文新闻 95 篇，俄文新闻 221 篇，法文新闻 8288 篇，西班牙文新闻 7890 篇，总计 65407 篇。在二次筛选所得样本中，由课题组的对应语种研究人员进行随机抽样编译，共选取 253 篇新闻样本进行内容分析。

（1）对深圳的金融证券领域关注较多

如表 2-4 所示，在海外主流媒体对深圳的报道中，报道量排名前 5 位的新闻主题分别为"证券市场""统计表""股权资产类别新闻""固定收益资产类别新闻""企业/工业新闻"。金融业是深圳的重要支柱产业，整体发展水平居于全国前列，与北京、上海同处金融城市"第一梯队"。这说明，海外主流媒体的报道内容和深圳的经济发展优势息息相关。

表 2-4　海外主流媒体对深圳报道量排名前 20 位的新闻主题和类别

单位：条

新闻主题和类别	报道量	新闻主题和类别	报道量
证券市场	229431	新型冠状病毒	31047
统计表	127871	体育	30814
股权资产类别新闻	124332	传染病/流行病暴发	29466
固定收益资产类别新闻	92443	金融商品市场新闻	26282
企业/工业新闻	83237	企业收益	23078
例行市场/金融新闻	82935	国内政治	18816
通讯社稿件	72842	市场调查	17772
新闻发布	51583	科学/人文科学	17085
内容分类	46316	收购/合并/股权	16071
专利权	41549	卫生/医药	12650

（2）在所有公司中，华为报道量位居第一

如表 2-5 所示，在海外主流媒体对深圳的报道中，报道量排名前 5 位的公司/机构分别为"华为技术有限公司""中国国家自然科学基金委员会""中兴通讯股份有限公司""深圳大学""腾讯控股有限公司"。其中，对华为的报道量居第 1 位，约是对排名第 2 位的中国国家自然科学基金委员会报道量的 2 倍。

深圳的行业头部企业数量众多。例如，现代通信领域的华为、中兴，互联网领域的腾讯，基因领域的华大，金融领域的招商、平安，医疗器械领域的迈瑞等。

表 2-5　海外主流媒体对深圳报道量排名前 10 位的公司/机构

单位：条

排名	公司/机构	报道量	排名	公司/机构	报道量
1	华为技术有限公司（简称华为）	28432	6	美国联邦储备委员会	3155
2	中国国家自然科学基金委员会	14463	7	中国人民银行	2536
3	中兴通讯股份有限公司（简称中兴）	6898	8	欧洲联盟	2261
4	深圳大学	6360	9	苹果公司	2052
5	腾讯控股有限公司（简称腾讯）	5678	10	阿里巴巴集团	1831

（3）最为关注电信设备、电脑/消费电子产品等行业

如表 2-6 所示，在海外主流媒体对深圳的报道中，报道量排名前 5 位的行业分别为"电信设备""电脑/消费电子产品""药品""电信服务""上游原油/天然气产业"。其中，排名前 2 位的行业均为科技类产业。

党的十八大以来，深圳科技投入力度、强度双提升，基础研究和应用基础研究实力显著增强，高新技术产业驶入高质量发展"快车道"，科技创新发展成效更加显著。作为"中国硅谷"，深圳孕育了华为、腾讯等科技公司。以上数据表明，海外主流媒体较为关注深圳科技类企业和科技发展。例如，在法文和西班牙文类媒体中，最为关注的主题包括深港科技合作、深圳科技跨国合作、华为产品发布及培训、国际科技展等。

表 2-6　海外主流媒体对深圳报道量排名前 20 位的行业

单位：条

排名	行业	报道量	排名	行业	报道量
1	电信设备	9346	11	房地产服务/交易	3808
2	电脑/消费电子产品	8496	12	科技	3642
3	药品	7378	13	数码蜂窝通信技术	3471
4	电信服务	6640	14	替代燃料汽车	3456
5	上游原油/天然气产业	5689	15	无线通信服务	3333
6	银行业/信贷业	5403	16	商业银行业	3286
7	化学品	5118	17	半导体产品	3171
8	移动通信服务	5077	18	工业产品	3114
9	手提电话/移动电话/智能电话	4680	19	房地产	3105
10	计算机/电脑	4298	20	住宅房产交易	3102

（4）重大活动特别是国际性交往活动报道量较大

部分海外主流媒体报道中出现"建筑双年展""国际青年创新大会""高交会"等词语的频次较高，在文化类报道中占据主流。国际性交往活动同样受到关注，包括跨国航线增加、国外使团访问、"一带一路"倡议下的校企合作、国际物流与贸易、国外公司/机构设立办事处等。

近年来，深圳积极争取承办重大主场外交活动，以深圳国际会展中心、香蜜湖国际会议中心、前海国际会议中心等世界级会议设施的投用为抓手，推动在深圳举办有国际影响力的行业类、产业类和专业性国际会议与国际展会，吸引重要国际体育赛事在深圳举办。

根据以上分析可知，在海外主流媒体报道特征方面，第一，党的十八大以来，海外主流媒体对深圳的报道量在波动中上涨，粤港澳大湾区建设规划落地后，海外主流媒体更加关注深圳。这说明，国家政策对城市形象全球传播的水平具有影响。第二，美国和俄罗斯是最关注深圳的海外国家。一是与深圳有关的海外主流媒体报道中，英文新闻报道量最多，其次是俄文新闻；二是美国道琼斯通讯社和俄罗斯 Prime 通讯社是对深圳报道量最多的两家媒体。第三，海外主流媒体对深圳的关注，与对中国、俄罗斯、美国等国家的关注有关。这体现出深圳与全球主要国家和全球局势关系密切。

在海外主流媒体报道的城市形象特征方面，第一，海外主流媒体最为关注深圳的金融证券领域和科技产业。第二，海外主流媒体最为关注的深圳企业是华为。从报道量上看，排名第 1 位的华为，约为排名第 2 位机构的 2 倍。这从侧面说明，企业对城市形象全球传播的重要作用。

二　深圳城市形象全球传播的条件、不足和创新要素

（一）条件

1.历史和地理环境培育多元文化资源

独特的历史和地理环境，培育了融合多种文化的城市基因，使深圳形成了适合全球传播的城市文化优势。

首先，深圳位于东南沿海地带，毗邻港澳。西晋时期，深圳设有郡县，因其三面临海，广府、客家、潮汕人陆续来到这一地区，形成较相邻区域更为多元的"咸淡水文化"。其次，改革开放进程中，深圳勇当排头兵，取得经济建设的辉煌成就，形成了独具特色的特区文化。此外，改革开放催生的当代流行文化，也融入深圳多元文化的基因中。以邓丽君演唱的歌曲为代表的流行音乐从香港进入广东，经深圳扩散到全国各地。

"咸淡水文化"、特区文化和当代流行文化等丰富的文化资源，契合"海洋文明性"和"市场适应性"，为深圳国际化建设提供了包容多元的城市基因。作为人类共同的价值观，深圳的多元文化天然适合对外传播，有助于增进海外受众对中华文化的了解和认同。

2.改革开放的实践经验构建现代化场域

改革开放以来，深圳的城市建设发展实践，构建了市场经济主导、基础设施完善、理念开放创新的现代化场域。这对深圳的国际传播工作来说，具有重要意义。

第一，特区创立以来，深圳在国家设立的特定区域施行一套特殊的经济

和管理制度，探索社会主义市场经济体制等一系列制度改革。深圳不仅实现了以市场为导向推进经济体制改革，建立了与社会主义市场经济体制相适应的行政体制，在建设"法治政府""服务型政府"和"和谐深圳"等政治与社会建设领域也取得了突破性进展（李丹舟，2019）。特区的治理体系和经济制度培育了创新、多元的社会治理理念。

第二，粤港澳大湾区自然条件优越，具备有向外联接辐射功能的海洋资源。作为古代海上丝绸之路的起点和中国改革开放的前沿阵地，广东长期发挥着传播中华文明、展现中国形象的门户作用。目前，粤港澳大湾区交通规划等基础设施建设，使深圳嵌入全球交通网络（例如港口群和机场群）的节点之中。基础设施的叠加，成为深圳作为全球传播支点的动能，不仅吸引更多人口、技术和产业集聚，也更有利于实现跨文化、跨信息的沟通往来。

第三，市场主导的产业逻辑和科技创新型的产业特征，塑造了开放创新、敢为人先的现代化理念。例如，"时间就是金钱，效率就是生命""空谈误国，实干兴邦"等口号，为深圳打破禁区、超越自我、改革创新提供了精神支持。作为一座建立在现代观念上的城市，深圳具备推动跨文化传播的天然优势。

3. 具有位居中国前列的城市国际化动能

对于城市而言，国际化水平直接影响全球传播的能力和效果。全球一流的国际化城市，无一不在政治、经济、文化和科技等诸多方面，与不同国家、城市和地区形成交流网络，甚至在一定程度上影响全球。改革开放以来，中国城市的国际化步伐加快，出现上海、北京等具有全球影响力的城市，其全球传播力居国内前 2 位。由上述对深圳城市发展阶段的梳理可知，深圳市相关部门对城市国际化的要求在迅速提高。从长远来看，深圳具有打造中国下一座具有全球影响力城市的澎湃动能。

第一，深圳是改革开放的前沿阵地，具有雄厚的经济基础和政策优势。城市经济是国民经济的重要内容，随着中国对外关系扩大和经济交往加深，中国重视与其他国家企业、金融机构的交往，比如，吸引他国公司在中国设立公司和分支机构。当前，在推进中国式现代化的进程中，经济建设是中心工作，高质量发展是首要任务。处于"双区"驱动、"双区"叠加黄金发展期的深圳，具备足够吸引跨国公司投资和入驻的经济和政策优势，有效促进城市对外交往和城市形象全球传播能力的提高。

第二，深圳人口优势明显，能够有效吸引和培育人才。截至 2022 年末，深圳常住人口 1766.18 万人。第七次全国人口普查结果显示，深圳市民平均年龄为 32.5 岁。作为一座年轻的移民城市，深圳吸引了来自全球、全国的创新创业创意人才。2023 年 4 月，深圳报业集团深新传播智库联合中国人民大学国家治理与舆论生态研究院发布的《深圳青年发展报告（2023）》显示，专科及以上学历的深圳青年占比近九成；掌握专业技术的深圳青年数量庞大；深圳青年开放包容，对现代文化和人文历史景观更感兴趣等（杨琪，2023）。创业群体、青年群体、科技群体和文化群体（比如音乐原创群体）等多元的城市人群结构，塑造着特区精神和新时代城市精神，激发了深圳城市形象全球传播的活力。此外，东南亚华侨华人对广东的乡土认同，使深圳具有天然的"走出去"优势。

第三，深圳的科技、金融和文化产业资源雄厚。作为中国"最互联网城市"，深圳拥有腾讯、华为等全球一流的互联网和科技公司，同时，还拥有在国内数量领先的上市公司和金融机构。不同行业和性质的机构，足以构成深圳推动全球化的信息传播和品牌营销网络，具备更多参与国际竞争和合作的可能性。另外，深圳作为中国对外文化贸易的黄金口岸，文化产品和服务出口约占全国的 1/6，是深圳推动文明交流互鉴的产业基础。

4. 在中国国际传播工作中的特殊地位

深圳开展国际传播工作，既是城市国际化建设所需，也是国家赋予的重大责任使命。可以说，深圳既有推动中国国际传播的先天资源，也积累了多层次、多维度的后发优势。在中国国际传播工作的地方转向中，深圳担当了不可或缺、先行示范的城市角色。

第一，经济特区创立以来，深圳就处于世界"聚光灯"下。一方面，深圳是中国经济体制改革尤其是社会主义市场经济改革的排头兵，西方资本主义国家关注这场位于深圳的改革实验。另一方面，深圳一直是我国对外交往的重要窗口和平台，这是由于社会主义市场经济改革后，深圳逐渐承担起全球商业、文化交往的特殊责任。

第二，党的十八大以来，习近平新时代中国特色社会主义思想从理论和实践结合上系统回答了新时代坚持和发展什么样的中国特色社会主义、怎样坚持和发展中国特色社会主义这两个重大的时代之问。深圳承担着宣传和推介马克思主义中国化最新成果的历史使命。

第三，当前，深圳不仅是经济特区，也被赋予粤港澳大湾区核心城市和中国特色社会主义先行示范区的新时代新使命，肩负着建设好中国特色社会主义先行示范区、走好中国式现代化之路的重要任务。在国际传播方面，深圳地处"两个前沿"中的最前沿，既是全球观察中国式现代化的窗口，也是向海外展示中国式现代化建设成就的窗口。

5. 初具规模的国际传播工作成就

目前，深圳的国际传播工作初具规模，在主流媒体建设、海外自媒体建设、文化展会举办、文旅品牌打造、对外文化交流等方面取得显著成效，为在新媒体视野下进一步加强和创新国际传播工作提供经验和路径参考。

第一，各类媒体形成了一定的国际传播力。20 世纪 90 年代，《深圳特区报》等塑造了深圳中国改革开放"排头兵"的城市形象。目前，华南首个对外英文门户网站 EyeShenzhen（谐音"爱深圳"）、英文版《深圳日报》、《香港商报》、深圳卫视《直播港澳台》等成为深圳城市形象全球传播的支柱力量。坪山融媒体中心等区县级媒体成功打造了国际传播特色，形成了一定影响力。居住在深圳的海外自媒体"网红"和国际学者等群体，发挥着独特作用。

第二，建设了一批具有国际影响力的文化展会和文旅品牌。例如文博会、高交会、深圳书展、创意十二月等，逐渐形成以国际先进城市为标杆的城市文化品牌体系。其中，文博会已经成为粤港澳大湾区文化"走出去"的重要平台。2004 年首届举办，有 102 家海外企业参展；到 2019 年，前来参会、参展的海外客商达到 22167 家。同时，举办深圳"一带一路"国际音乐季、"深圳国际文化周"等重点活动，积极参与世界城市文化论坛。其中，深圳"一带一路"国际音乐季作为国家级品牌活动，旨在呼应共建"一带一路"，努力促成国际团体与本地艺术人才的合作，更好推动中华文化"走出去"。此外，优秀文旅品牌也是城市形象全球传播的重要载体。深圳锦绣中华民俗村以独特的中华优秀传统文化魅力吸引着来自世界各地的游客。

第三，积极扩大对外交流。作为对外开放的重要窗口，深圳始终把服务国家外交放在重要位置，不断提升深圳在全球的文化软实力。2024 年以来，深圳打造大国外交会客厅，共计 89 批 1200 多位外国元首和政要访问深圳。同时，启动"深圳故事城市文明全球交流计划"，推动与联合国教科文组织、友城、创意城市网络、世界文化名城的交流合作，推动华为、比亚迪、大疆、传音等企业扬帆出海，成立网络游戏故事联盟，引导腾讯、中手游等企业的网游产品融入中国元素，传播中国文化。值得一提的是，作为深圳文化的新"特产"，截至 2024 年 1 月，《咏春》已累计在全球 34 个城市演出137 场，传播了蕴含全人类共同价值的中华优秀传统文化故事。

（二）不足

无论是历史、地理和文化的先天优势，还是国家政策、区域建设和城市国际化的后天资质，深圳城市形象全球传播实践具有多种独特条件。近年来，深圳国际传播工作取得很多成效，深圳城市形象在全球已有一定知名度。但是，如上文所述，深圳目前的国际传播能力，与自身国际地位和条件优势并不匹配。

1.传播内容的专业性

第一，传播内容单一，城市形象不够立体。本地主流媒体机构对深圳城市形象的国际传播聚焦经济、科技、金融等领域的改革成果，使其呈现施政理念创新开放、科技金融领先、治安完善良好的城市形象。但关于深圳城市文化领域的发展观念和实践成果，与北京、上海、广州等一线城市相比，依然着墨不多。城市文化全球影响力弱，致使深圳全球形象不够立体和丰富。

第二，城市文化传播理念滞后。近年来，深圳文化产业和公共文化服务发展迅速。比如，有研究指出，深圳文化场馆设施不断完善升级，文化产业发展势头强劲，城市文化品牌活动体系成效显著，文化体制机制改革成果丰硕。但是，现有理念并未完全发挥文化产业和文化服务作为全球传播媒介的价值和作用。一方面，城市文化成果的传播力度不够；另一方面，将城市文化成果作为传播媒介的观念理念滞后。

第三，城市形象定位模糊。近年来，深圳出现了金融中心、图书馆之城、设计之都、钢琴之都、咖啡之城等各种名号。但是各种名号的关系不具备系统化线索，没有凝聚和生成深圳的核心标志。这显示出，至少在深圳城市形象的定位层面，传播机构没有形成统一、协调的认知和传播理念，导致各种名号的塑造没有形成对国际传播工作的融合强化之效，反而在一定程度上互相抵消。

2. 传播话语和视角的国际化水平

第一，固有的宣传话语消解了原本具备跨文化传播优势的城市文化理念和城市建设实践。深圳的国际传播话语，与国内许多城市一样，用长期、固有的宣传思维决定话语体系甚至整个传播工程。比如，对外讲述深圳故事的过程中，倾向中心化、自我式的视角，或者聚焦宏大、整体的主题，对具体、细节的城市空间、人物、日常生活并未着墨太多。这类宣传话语特征，使原本具有跨文化传播优势、更有可能与全人类共同价值观念接轨和沟通的深圳多元文化和现代化城市治理等内容被消解。

第二，城市形象同质化。中国主流媒体的城市形象传播中存在一定的话语规范。一般来说，以国家级、省级整套概念话语体系为参照，依托其区域地位形成本地话语标签。一方面，这是国际传播工作作为国家级工程的体现，有效保障城市价值输出的一致性和系统性，表达城市共性，体现国家力量，使国家和地方的国际传播成体系发展。另一方面，更需注意的是，在地方执行层面，这有可能造成城市标签同质化的趋势。例如，深圳的一部分名号，并非深圳独有或者若干城市系统化共通式使用的，这消解了作为城市传播核心要素的城市形象的独特性。

3.传播机构的统筹协调能力和媒体融合效力

第一，战略统筹尚未强化。目前，深圳各类传播机构，包括主流媒体、互联网媒体、自媒体以及具有国际话语权或关注度的企业和社会团体等，缺乏统一协调的管理、服务和支持体系。各类机构的国际传播工作不平衡不协调，各类资源调配存在问题，导致传播水平和传播效果有待提高。

第二，媒体融合效力不足。对于部分传播机构，尤其是主流媒体而言，媒体融合既是全盘工作的头号工程，也是提高国际传播能力的必要之策。但是，目前部分传播机构和新媒体技术的融合和应用停留在表面。至少在国际传播层面，无法真正切实与传播主体协同、用户精准分析、内容质量提升、跨文化交往体系等功能板块相结合。

4.用户分析调研和精准传播能力

第一，传播机构对国际传播受众的分析调研不够。一是对生活在海外的受众进行科学分析研判，并据此调整传播策略的思维不够，导致内容无法精准对接相应受众。比如，部分传播机构习惯于传统媒体时代的传播权力格局，没有清醒意识到新媒体时代的权力转移。二是对生活在深圳的海外群体的关注不够。深圳集聚了众多具有一定国际话语权的海外人才和国内知名人群。这些群体有必要成为传播机构进行用户分析调研的对象。

第二，对国际传播人才的培养和运用，缺乏成熟体系。有研究指出，从事对外传播的人才需要具有国际传播视野，必须懂得西方文化，熟悉西方人的心理特征，了解与西方文化进行对话的方法和路径，并能全面熟悉媒介竞争的环境，了解国际媒介竞争的趋势和方略，设计与西方传媒交流的方法（王建峰、吕莎，2009）。一是要完善高等院校、科研院所对于国际传播应用人才的培养体系。目前，国际传播人才的培养和实际应用存在一定程度的脱节。二是传播机构对于媒体深度融合条件下国际传播人才的发掘不够。城市形象全球传播实践，并非传统媒体新闻报道思路下的众多"条线"之一，人才培养也并非基于"条线"转换进行知识和技能培训，而是需要能够重新理解全球、城市、文化、传播的实践人才，尤其是在数字技术革命颠覆了传播方式的现实面前。

（三）新媒介视野下的创新要素

如上文所述，深圳城市形象全球传播实践，既有独特条件，也存在个性化问题。数字技术革命的颠覆性，表现在对传播理念和实践范式的冲击和再造方面，这有可能改变相关传播机构在国际传播工作中的条件和不足，涌现出新的状况。基于这一设想，需要结合实际情况，理解数字技术革命对城市形象全球传播实践的影响，思考新媒介视野下的创新要素。

1. 数字技术革命的机遇和挑战

数字技术革命也为深圳国际传播工作提供机遇。第一，国家战略的支持和引导。党的二十大报告提出"实施国家文化数字化战略"。2023 年初，全国宣传部长会议提出"以数字化为宣传思想工作赋能"。2022 年 5 月发布的《关于推进实施国家文化数字化战略的意见》也指出，让国家文化的"优秀创新成果享誉海内外"，这为使用数字技术推进国际传播工作提供了极具方向性的战略指引。第二，深圳数字技术水平提升，数字化转型成效显著。2023 年以来，深圳加快打造具有全球影响力的产业科技创新中心，塑造数字经济的全新高地，成为城市建设和发展各领域，比如政府治理、公共服务领域的支撑和保障。数字化转型赋予城市文化产业和城市公共空间更强的媒介性，适用于全球传播场域。第三，数字技术对传播实践的加持，为更多高质量主体、机构、平台和内容提供在全球范围交往、流通和传播的机会，有利于推进城市形象的丰富和立体化。

数字技术革命使深圳国际传播工作面临一些新的挑战。第一，全球竞争背景下的数据壁垒。有研究指出，国际传播进入数字化时代，西方发达国家的文化入侵进入新赛道。包括堵截中国电信设备、信息服务，利用智能技术影响全球舆论，制造文明冲突阻隔中华文化全球传播进程（陈能军、彭曦阳、彭冠英，2023）。第二，数字技术对原有传播结构的颠覆，可能导致传播主体的权力转移和角色转换，主流媒体更加需要一段过渡期和适应期。此外，需要注意的是，一部分传播内容如城市文化等，可能在某些方面无法以数字化、虚拟化等新型传播手段来替代和转化。

2. 创新要素

当前，面对数字技术革命，深圳城市传播工作形成了初具形态的城市创新实践。新媒介视野下，文化产业、公共空间、主流媒体城市叙事和区级融媒体中心的创新实践，为中国全球传播研究提供了独特经验。在此处，笔者先简单介绍，另辟章节详细分析相关案例。

第一，城市文化产业和城市公共空间的媒介性。新媒介视野下，数字技术不仅使原本的传播主体，例如主流媒体、互联网媒体等具备了更多元、更有效的传播手段和用户分析手段；更关键的是，使原本隐没在城市日常运作中，作为公共基础设施的建筑、街道、公园等物质性实体，更加显示出媒介性。一是通过以线上、虚拟的形式进行全媒体传播，塑造城市形象；二是物质性实体作为媒介集聚海内外相关人群，形成一种媒介仪式；三是通过技术化的群体互动和虚拟体验等，塑造城市文化。数字技术革命推动我们发现城市形象全球传播实践和文化产业、公共空间之间更为紧密的关系。

第二，主流媒体城市叙事的故事化转型。数字技术不仅丰富了传播主体，同时，也使多层次、多阶层的用户掌握传播的主动权，传播链条不再控制在原有的资本和权力系统中。当前，主流媒体的故事化叙事如非虚构写作等，既是由于在数字技术支撑下，能够形成多维度、多视角的立体传播样态；也是因为在社交媒体平台上，海外受众群体对于信息、文化和话语偏好的强烈变化。以内容为本的主流媒体深度融合进程，可以在国际传播方面尝试故事化叙事的更大创新。

第三，区级融媒体中心成为新兴的国际传播主体。在全球传播实践"地方转向"的整体趋势下，坪山融媒体中心率先实现突破，致力于打造深圳全新文化品牌，探索建立一条兼具"全球视野"和"坪山特质"的对外传播路径，成为深圳乃至全国区级融媒体中心的一抹亮色。

第三章
新媒介视野下城市形象全球传播的中外案例

一 中国城市形象全球传播实践的现状

参考消息报社参考智库发布的《中国百城海外影响力月度分析报告》、参考消息报社和新华社新闻信息中心联合发布的《中国城市海外影响力分析报告》等，呈现了中国城市的国际传播发展现状和态势，突出了一些中国城市形象传播的亮点，为中国城市形象全球传播实践和理论研究提供了数据和案例支撑。本部分综合相关报告，从现状和问题两个方面展开研究。

（一）现状

1. 中国城市形象全球传播量稳步上升

城市形象全球传播量，即城市在海外国家和地区用户的呈现度，在相关研究报告中，一般被量化为社交媒体、主流媒体以及其他国际机构的文字、图片、视频等各种形式报道的全部数量。城市形象全球传播量，是衡量城市海外影响力、知名度的重要因素。近年来，中国城市的全球传播量稳步上升。

第一，北京、上海依然是海外媒体最为关注的中国城市，其全球传播量继续上升。第二，广州、深圳、杭州、成都、武汉、苏州、南京等城市，在公共外交和全球传播方面主动作为、创新开拓，注重挖掘国际化因素和跨文化传播基因，培育本土特色，在一些主题上已经体现出不亚于北京和上海的关注热度。《中国城市海外影响力分析报告（2022）》显示，在关注中国城市的新闻网站地区分布指数上，即便是排序最末的城市，也拥有上百个地区机构媒体的关注。在关注数量上不占优势的海口、无锡、烟台、佛山等城市，则以优美风光、宜人气候和悠久人文获得了较高美誉度。

2.中国城市的海外形象更为立体多元

城市形象传播研究的聚焦点往往是一体两面，包括具体的传播量数据分析和城市形象的文本、话语分析。近年来，不论是北京、上海等第一梯队城市，还是其他城市，在海外媒体的呈现内容更为立体多元，高度同质化现象得到缓解。

具体内容方面，《中国城市海外影响力分析报告（2023）》指出，随着新冠疫情的结束，"科学技术""时事新闻""公司活动与管理""经济与经济指数""社会生活方式"等议题和关键词开始超过"医学健康"，成为主要报道主题。

海外媒体在呈现中国城市时涉及的主题、关注的产业和使用的关键词所存在的差异，为各城市海外形象带来了风采各异、别具特色的辨识度。广州、深圳、杭州等一线城市，淄博、哈尔滨、天水等"网红"城市，浙江乌镇、广州南沙、深圳南山等区县，凭借自身政策、地理、自然、文化等资源、特色和优势，也收获了海外媒体的较多关注。比如，韶关的智慧城市与绿色城市发展、凉山的火把节、大理的古城与宝塔，在全球传播中展现各具特色的城市形象。总体来说，上述城市，有的胜在科技和金融产业创新方面，有的胜在平民化的美食和独特风景方面，有的则胜在县级融媒体中心的国际传播实践方面。

3.数字技术革命对城市形象全球传播的影响加深

上海、北京等一线城市，淄博、哈尔滨等"网红"城市，部分有特色的区县城市，构成中国全球传播实践的主要特征，推动中国全球传播量的提升和海外形象的立体多元化。其中，后两者的崛起，与数字技术革命紧密相关，在主流媒体时代难以被凸显的地方特色、历史文化、城市空间、会展节庆等要素，在新型传播平台运用创新传播手段集中展现。例如，通过TikTok，一大批中国城市频频"出圈"，成都、兰州的美食文化符号以视频形式呈现，西双版纳的民族风情通过傣族建筑、服装、乡村景观等展示出来。

（二）问题

中国城市形象全球传播实践取得一定成效，传播量稳步上升，海外形象更为立体多元。但在传播观念、传播生态、传播方式等方面，具有较大提升空间。

第一，传播观念。以国内宣传理念和话语指导城市形象全球传播实践的现象仍然存在。这一方面，是由主流媒体的行为惯性和体制机制造成的；另一方面，是全球化和数字化进程进入新阶段的体现，国家和地区之间的信息联结日益便捷，随之而来的是可见的观念冲突。对本土传播观念的习惯性和体制化执行，面临全球范围内的更大张力。在全球文明交流中，需要以全球思维和跨文化观念生产和传播城市形象，实现真正的跨文明平等，推动人类命运共同体的构建。

第二，传播生态。数字技术革命改变了全球传播的生态范式，首先，在城市内部，具有全球传播功能的远远不只有主流媒体和社交媒体。原有的传播功能性主体，在媒体深度融合背景下，转变为其他活动（如节庆会展）的传播平台之一。目前，不少城市仍将主流媒体视为功能中心而非平台中心，主管部门没有形成具体可执行的生态转型规划，对新媒介视野下的城市形象全球传播认识滞后，作为新型传播主体的不同机构之间，难以相互理解和配合。其次，有显著传播效能的地区，未必是一线城市及其中心区域，目前一些城市的传播机构关注的对象具有偏向性，并不符合海外年轻、多元受众的新鲜眼光。

第三，传播方式。按一般的品牌营销学理论，传播方式包括定位、策略、用户分析等。首先，不同城市的定位存在同质化现象，没有从历史、文化、资源禀赋等方面挖掘自身的核心品牌优势。其次，传播策略水平较低，比如，部分城市的 CIS 系统设计落后，模仿痕迹严重，既难以吸引海外重要媒体关注，也难以形成城市形象全球传播效应。最后，部分城市将社交媒体网络的健全作为全球传播实践的目的，没有做到跨文化的话语转换、不同地域和用户的数据分析和精准传播等。

二　中国城市形象全球传播的经典案例

强大的国际传播能力和国际影响力是全球城市的共同特点。本部分结合有关研究报告和实地调研，梳理中国城市形象全球传播经典案例。第一，以北京、上海、广州、杭州四座城市为例，分析其城市形象全球传播的现状和亮点；第二，分析淄博、哈尔滨等"网红"城市的城市形象全球传播亮点；第三，分析区县城市围绕自身特色推进城市形象全球传播的亮点。

（一）北京

1. 现状

北京是全国政治中心、文化中心、国际交往中心和科技创新中心。作为中国的文化名片，北京承载着展示中国形象、弘扬中华文明的重要作用，是传播中国故事的重要平台。北京城市建设与国家的国际传播能力建设息息相关，北京的城市形象与中国的国际形象紧密相连。

2024 年 1 月 26 日，由参考消息报社与新华社新闻信息中心联合发布的《中国城市海外影响力分析报告（2023）》显示，北京、上海作为国际传播的第一梯队，海外影响力持续领先。浙江大学传媒与国际文化学院韦路教授团队发布的《2023 中国城市国际传播影响力指数报告》显示，北京有较大的影响力。北京市委宣传部副部长徐和建认为，"北京已进入世界城市第一方阵，正日益成为极具海外知名度和影响力的国际城市"。

在城市形象方面，有研究指出，涉及文化艺术的信息最多，占总体的

16.8%。经济议题较受关注，但所占比重不高。在涉及外企在京的情况、北京经济的发展趋势、股市、房价等议题中，北京常与上海和深圳同时出现。在谈到北京经济发展趋势这一问题时，多次提到深圳的经济活力将会超过北京（徐翔、朱颖，2017）。

2.亮点

结合徐和建（2021）的研究，北京城市形象全球传播工作有如下特点和亮点。

第一，以宣传推介主流思想为核心任务。主流传播的核心是价值传播，这既是在百年未有之大变局中赢得主动的根本，也是推动城市形象全球传播的核心要素。习近平总书记提出推动构建人类命运共同体理念，为人类社会破解世界难题、携手共创美好未来提供了中国方案、中国精神、中国价值。北京城市形象全球传播工作始终围绕对外宣介习近平新时代中国特色社会主义思想、构建人类命运共同体展开，并将其贯穿国际传播各方面。例如，在中非合作论坛北京峰会、第二届"一带一路"国际合作高峰论坛、亚洲文明对话大会、庆祝中华人民共和国成立70周年活动期间，北京新闻中心向中外记者嘉宾发放中国外文局出版的多语种《习近平谈治国理政》2万余册。新冠疫情期间，北京精心策划召开新冠疫情防控新闻发布会226场，推出核酸检测、疫苗接种、社区防控等外媒集体采访7场，服务国家外交外宣和舆论工作大局，第一时间、高频次向驻京外媒记者提供大量新冠疫情防控第一手新闻素材和采访线索3000多条。美国有线电视新闻网（CNN）短视频《这可能就是北京快速应对疫情的秘诀》当日播放量达1.3亿人次、点赞量达2800万人次，形成全球传播爆款。

第二，推动媒体深度融合，用好移动传播。中外传统主流媒体仍占据传播主渠道、主阵地，优势是直达精英阶层；境外社交媒体是国际传播竞争新赛道，短视频移动传播占比高居榜首，优势是受众广泛、接地气。北京城市形象全球传播工作适应传播移动化、社交化、可视化的趋势，运用云计算、大数据、人工智能等数字技术，促进更多中国信息、新闻、产品在采编制作、分发共享、精准投放等方面释放资源。2017年至今，北京市政府新闻办在 Facebook、X（原 Twitter）、Instagram 等软件上开通共 11 个海外社交账号，成为海外网民了解新时代北京的重要窗口，累计海外粉丝 626 万人。仅"探索北京"（Discover Beijing）在 Facebook、X（原 Twitter）、Instagram 三个平台发布的《"疫"线漫画》系列，海外阅读量就高达 770 万人次；发布的《北京如何排查新冠感染者》，海外阅读量达 579 万人次。

第三，服务国家主场外交，开展北京主场外宣。主场传播是指北京结合四个中心城市定位和首都的特殊重要地位，开展新时代首都外宣。北京城市形象全球传播工作利用在京举办的主场外交活动、主场国际赛事、主场国际活动、主场重大政治活动、主场重大庆典等，全方位、多角度展示全面、立体、真实的北京。在世界百年未有之大变局叠加新冠疫情、西方舆论攻击下，北京冬奥会得到国际社会高度赞誉，成为近年来国际舆论正面客观讲述中国故事最集中的一段时期，在媒体服务的实战检验、中国文化的国际表达、中国之治的核心叙事等方面实现新的突破，彰显了中国软实力、大国影响力，成为国际传播创新实践经典。

第四，影响主流人群，选择有国际影响力的传播渠道。利用北京的国际地位和传播优势，锁定来京出席主场活动的国家政要、使馆官员、高端智库、媒体高层、国际组织与国际赛事负责人等主流人群，精准开展国际传播。北京连续 6 年举办 8 届"丝路大 V 北京行"活动，累计 44 个共建"一带一路"国家的 100 位国家政要、智库学者、主流媒体记者、知名导演和博主网红来到北京，通过百个角度展示北京形象，通过百多部短视频传播中国故事。创新推出"爱上北京的 100 个理由"主题短视频征集和征文大赛，收到来自 100 余个国家的 1000 余名青年外籍朋友的视频作品 900 余部、文字作品 400 余篇，展示和传播爱上北京的理由，并进行新媒体国际传播推送。

第五，以人文交流促进民心相通。城市国际传播"心对心"就是传播全人类的共同价值，不断寻找理念契合点、利益汇合点，融通情感、增进了解、传播文化、建立互信。从谷爱凌、苏翊鸣到羽生结弦，从冰墩墩、"机器人调酒师"到冬奥选手吃播，北京冬奥会以更为开放、年轻、可爱的文化符号和人物，塑造出包容多元的新时代中国形象，破解了少数西方媒体的"灰黑滤镜"。此外，北京在城市形象全球传播工作中，开发了"丝路大 V 北京行"、百名外国摄影师拍北京、国际城市媒体北京论坛、魅力北京展览展示展播活动、北京国际电影节、设计周、摄影周等品牌活动，促进各国民心相通、心心相印，传播北京城市文化形象。

（二）上海

1. 现状

近年来，在国际文化大都市建设框架下，上海积极开展国际传播工作，加强对外文化交流合作，扎实提升自身国际传播能力及全球城市形象。在《纽约时报》和《华盛顿邮报》的"全球旅行胜地巡礼"中，上海以高端奢华的形象出现，被认为是具有古老魅力的全球化城市。

"经济"这一主题受到国外主流媒体的重点关注。媒体将上海视作中国金融中心，凸显了上海作为国际金融中心、经济中心的独特地位（吴瑛等，2016）。有关企业、宏观经济和金融的话题关注度较高（唐绪军，2020）。同时，外媒高度关注上海的城市变化情况，"new"是 10 年来外媒报道上海时使用频率最高的单词（沈斌、王荣、刘亚奇，2019）。另有研究指出，迪士尼、上海电影节、网球大师杯等成为上海的城市名片（吴瑛等，2016）。在报道偏向方面，正面报道远多于负面报道（唐绪军，2020）。但部分学者指出，上海文化领域还没有像经济领域那样出现表率全国的苗头、上海文化在表现新旧关系矛盾上比不上北京，在新兴文化活力上不及港台，其辐射能力更居弱势（方洁，2020）。

全球媒体对上海的关注量逐年攀升。相关研究发现，1987~2016 年，全球媒体对上海的关注量增长 120 多倍。2010 年，世博会召开，海外媒体的报道量比 2009 年增长 40%。西方媒体仍是全球涉沪报道的主要消息源。吴瑛等（2016）统计发现，路透社是发文量最多的媒体，其次是澳大利亚联合新闻社、法新社。媒体来源国包括英国、澳大利亚、法国、美国、俄罗斯、加拿大、新加坡等，西方强国和周边国家主流媒体是关注上海的主要力量。

2. 亮点

第一，突出城市发展重点，挖掘特色城市文化品牌。作为一种人类文明新形态，中国式现代化为中华文明的国际传播提供了新的目标使命、新的表达内容、新的叙事话语和新的价值内涵。城市的发展演化是中国式现代化的重要象征，也集中体现出中国式现代化的显著成果，城市发展天然地成为当前国际传播的重要议题之一。例如，作为世界上首个以进口为主题的国家级展会，进博会连续六年成功举办，进博故事承载着丰富的中国式现代化意义和内涵，此契机将作为国内国际双循环重要枢纽和窗口的上海呈现给世界。

同时，打造特色鲜明的城市品牌，深度挖掘城市文化内涵。海派文化根植于市民的日常生活中，形成开放、创新、多元、包容、绚丽多彩的城市文化。在提升城市软实力的总体要求中，上海市提出了让核心价值凝心铸魂、让文化魅力竞相绽放、让现代治理引领未来、让法治名片更加闪亮、让都市风范充分彰显、让天下英才近悦远来的具体目标。上海城市精神品格既是上海未来发展的无形密码，也是在国际传播中打造品牌差异、讲好独特故事的源头活水（王理，2023）。

第二，利用和壮大主流媒体资源，以开放心态与境外媒体交流。一是重视扶持壮大自主国际传播平台。目前，上海拥有上海广播电视台（SMG）国际综合频道、《上海日报》英文融媒体平台"SHINE"、《新民晚报·海外版》、上海第一财经、澎湃新闻第六声（Sixth Tone）、东方网英文版和日文版等6家自主国际传播平台。澎湃新闻所属的外文新媒体平台第六声的定位为"讲述普通中国人的故事"，搭建了以"第六声"英文网站和英文客户端为核心，以海外社交媒体平台为重点的传播矩阵。"第六声"凭借高质量的内容、故事化的讲述、精准化的传播吸引了海外受众的广泛关注，已成为海外媒体获取中国故事的重要平台。二是以开放心态与境外媒体交流，上海一共有驻沪外媒65家、驻沪港媒9家、驻沪台媒3家，驻沪境外媒体数量仅次于北京。相关部门和机构主动加强与境外媒体的交流沟通，推动境外媒体客观、理性报道上海和中国的真实情况。

第三，推动平台建设，打造"IP SHANGHAI"数字平台。2021年11月，上海报业集团旗下的澎湃新闻建设运营的IP SHANGHAI（上海城市形象资源共享平台）上线。作为国内首个集聚合征集、共享传播、孵化创新于一体的数字化城市形象资源共享平台，IP SHANGHAI以"看见数字世界的上海"为目标，面向全球征集视频、图片、声音、美文、出版物、设计等资源以及各类城市文化IP和对外传播案例，向用户提供城市形象资源下载、分享、传播服务，为创作者提供交流合作空间。"IP SHANGHAI"是上海在探索城市国际传播新模式的过程中开创的传播新形态，走出了一条具有中国特色、上海特点的城市形象传播新路。成立以来，面向全社会边征集、边展示、边推广、边发展，迅速集聚传播资源。

例如，第六届上海进博会期间，SHANGHAI IN MY MIND全球征集启动，立足发挥IP SHANGHAI数字平台的优势，联合上海设计之都促进中心，聚焦上海城市对外推广标识（即"上海印章"），推动标语SHANGHAI IN MY MIND在全球文化场景中的应用，面向全球青年设计师和创意人士，征集插画、绘画、平面设计、数码艺术等各类上海城市形象设计作品，推动通过视觉艺术传达展示对上海的独特理解和情感（朱喆，2023）。据统计，截至2023年6月，该平台已聚集图片、视频、设计等各类城市形象内容资源65万个，入驻平台的重点机构用户800余家、各类内容创作者27500余人。海外账号运营近3个月，月触达账户300万个，单条推送最高覆盖90万人。2023年6月，国家新闻出版署公布了第三届中国报业深度融合发展创新案例名单，IP SHANGHAI入选。这是上海在全国首推"城市形象资源共享平台"以来，该项目获得的首个全国性奖项。

第四，创新全球传播内容生产方式，通过科技赋能与海外用户联动。2023年1月，由澎湃新闻设计开发的IP SHANGHAI App正式上线，一改之前传统的"视觉资源库"模型，形成了编辑运营+用户"人人参与"式的共创生产模式，连续推出《中国百年IP图鉴》、"Z世代在上海"等系列报道，"在上海，为全球"企业国际传播案例评选活动，"在全世界把中文歌唱给你听"等活动。此外，通过科技赋能，"最上海·苏州河"全媒体大直播项目变成传播科技手段创新的演示台。流动演播室、虚拟主播，虚实相生，让苏州河国风主题曲在不同"世界"维度铿然奏响。

第五，基于国际化优势，灵活运用全球叙事。上海是中国国际化水平最高的城市，上海的发展吸引了越来越多的老外来讲述他们亲身经历的上海故事，不仅有网红，还有企业高管；不仅有"旁观者"，还有"融入者"。例如，上海面向国际社会推出百集系列融媒体产品《百年大党·老外讲故事》。以小镜头阐释大主题，通过在上海工作、生活的外籍人士视角，全方位、多角度展现中国共产党成立 100 年来上海的发展成就。每集 3~5 分钟，剪辑紧凑、配乐考究，短小又富含高信息量。2021 年 4 月 8 日首发，连续播出 100 天，据不完全统计，境内平台阅读量近 15 亿次，点赞量达 184 万次，境外平台累计播放量超 1 亿次。《百年大党·老外讲故事》不仅获得了国务院新闻办、中国外文局、中国记协等主办、评选的一系列奖项，其"上海解放特辑"还荣膺第 26 届亚洲电视大奖最佳新媒体纪实系列片，中英双语同名主题出版物入围全球顶尖创意纸制造商德国 GMUND 公司古曼奖书籍类作品第二名。

此外，"在上海，为全球"活动作为中国首个以城市 IP 为主题、以企业发展为案例的大型全球传播案例征集活动，吸引了欧莱雅、勃林格殷格翰、拜尔斯道夫等跨国企业高管，通过分享企业作为城市高质量发展见证者、共创者和共享者的生动案例，讲述"在上海，为全球"的实践故事。

第六，发挥城市实体空间的沟通功能。上海外滩、人民广场、南京路等城市地标和公园、咖啡馆、剧院等市民空间，在上海城市形象塑造和全球传播实践中发挥特殊作用。例如，上海人民广场采用仿真场景，建造"1930风情街"，再现 20 世纪 30 年代繁华的上海街景。新媒介技术嵌入城市叙事空间，拉伸其传播广度，将历史感延伸到物理空间之外（杨哲贤，2020）。

（三）广州

1. 现状

事实上，广州一直是中国国家形象的传播者，是世界认识中国的一张重要名片。在改革开放初期，毗邻港澳的区位优势，使广州成为招商引资的重要窗口，扮演了改革创新"探路者"和制度进步"领路人"的角色。广州也是"一带一路"的重要枢纽城市，是连接中国与亚洲南部的大门。可以说，对外开放的优势，决定了广州在中国城市海外影响力方面力争全球上游的责无旁贷的责任。

2024 年 1 月 26 日，由参考消息报社与新华社新闻信息中心联合发布的《中国城市海外影响力分析报告（2023）》显示，深圳、广州、成都、杭州、武汉、南京等城市作为第二梯队也已建立起较为成熟的对外传播体系，具有一定的海外影响力。

有研究指出，1992 年以来，广州城市形象在全球媒体上的"曝光率"总体上呈快速上升态势。1992 年，全球媒体对广州的报道数量仅为 3100 余条，2018 年报道数量已攀升至 53000 余条，是 1992 年的 17 倍多（王大可、李本乾，2020）。根据北京修远经济与社会研究基金会与清华大学国家形象传播研究中心联合发布的《广东省广州市城市品牌网络传播定位策略报告》，在 2019 年 11 月至 2020 年 11 月的 Factiva 全球新闻数据库中，外媒对广州的报道有 88105 篇。英文媒体主要关注广州的企业、科学、人文研究成果和卫生医药进展。"工业"广州是广州城市形象的首要特征，"科技"广州是一大亮点（王大可、李本乾，2020）。英文媒体中，提及广州最多的是美国的科技新闻媒体 NewsRx 科技新闻，共 9820 篇。

同时，《大湾区（广东）城市国际传播分析报告》指出，南沙成为广州区域内国际传播的新亮点。2023 年 6 月，《广州南沙深化面向世界的粤港澳全面合作总体方案》迎来正式印发一周年，相关消息引发位于北美洲、欧洲、亚洲的多个国家及地区的近 240 家海外主流网媒关注，全网覆盖人群超 2 亿人次（刘春林、贾政，2023）。部分境外媒体在报道中称，《广州南沙深化面向世界的粤港澳全面合作总体方案》赋予南沙一项重大使命，即建立一个以大湾区为基础、与香港和澳门合作的具有全球视野的重大战略平台。

但是，广州的国际知名度与国际经济实力之间还有较大落差。外媒报道仅向外界提示了广州经济结构转型的动向，不足以重塑城市形象。有研究指出，广州历史和文化元素呈现不足，导致广州在海外的文化吸引力和软实力较低（王行广，2023）。相较于北京和上海，广州的国际曝光度还不够，主要是因为过去在全球产业分工中处于低端位置，"中国南方沿海的制造业大城市""中国出口之都"成为国际社会对广州根深蒂固的印象。

2. 亮点

第一，嵌入大湾区国际传播，打造大湾区城市品牌。2023 年 2 月 18 日，时值《粤港澳大湾区发展规划纲要》印发四周年之际，大湾区（南沙）国际传播中心启用。广州在推动湾区国际传播上应势而动、顺势而为，大力实施湾区传播工程，出台提升城市文化影响力和国际传播能力的建设发展规划。"千年商都""诗词之都""书香羊城"等城市品牌深入人心，生动讲述湾区故事、广州故事。

第二，举办组织国际展会，搭建国际交流平台。改革开放 40 多年来，广州举办了中国（广州）国际纪录片节、"广州之夜"、《财富》全球论坛、从都国际论坛、"读懂中国"国际会议（广州）、全球市长论坛等活动和重要国际会议，也举办了包括广交会、海交会、创交会、海丝博览会等在内的一系列国际知名展会，成为广州链接世界资源的窗口。伴随大湾区（南沙）国际传播中心启用，大湾区科学论坛、IFF 国际金融论坛、CNBC 全球科技大会、亚洲青年领袖论坛等大型国际活动相继落户南沙，"国际会议之城"名片逐渐出圈国际，为对外传播提供了优质新闻素材。而且，形成了诸如"'读懂中国'国际会议（广州）""大湾区科学论坛""从都国际论坛"等国际传播品牌，让世界通过广州读懂广东、读懂中国。

第三，注重和境外主流媒体加强合作。广州日报社与澳大利亚《星岛日报》合作出版《广州日报·澳洲版》，与北美洲《明报》合作出版《广州日报·北美版》，羊城晚报报业集团在澳大利亚悉尼出版《澳洲新快报》，广州广播电视台收购美国华语电视台天下卫视。广州俏佳人文化传播有限公司继 2009 年在美国成功收购了国际视听传播公司后，发展至今已拥有 16 个电视频道，成为北美地区覆盖范围最大、收视人数超 1 亿人的华人电视媒体。广州委托 CNBC 拍摄制作《千年商都》广州城市宣传片，在多国电视频道、网站及移动客户端播出。

第四，挖掘广府文化特性，探索广府文化国际传播价值。广州地理位置独特，处于改革开放的前沿，是中国联结国际社会的桥梁和纽带，形成了浓墨重彩的广府文化，具有漫长悠久的国际交流史。有观点认为，广府文化具有鲜明的商业性和慕利性，有向海外拓展的特征，有开放和兼容的胸襟，有2000年长盛不衰的海外贸易文化，是中国典型的海洋文化形态。广州利用跨文化传播的便利，组织了一系列出访交流活动，例如精品文化品牌推广、文艺团体出访等，取得了一定成效。

（四）杭州

1. 现状

杭州作为浙江省省会、长江三角洲城市群中心城市和环杭州湾大湾区核心城市，一直以来，是区域主要的对外传播窗口。特别是近年来，成功承办一系列国内外重大赛事，为杭州全球传播力的提升打下基础。

浙江大学传媒与国际文化学院韦路教授团队发布的《2023 中国城市国际传播影响力指数报告》显示，新一线城市中杭州表现不俗，取得历史最好成绩。据了解，国际传播影响力指数衡量了城市在网络传播、媒体报道、社交媒体、搜索引擎和国际访客 5 个维度上的影响力。杭州在该指数的网络传播影响力、社交媒体影响力尤其突出，"杭州西湖"成为互联网搜索的高频关键词。

2022 年 12 月 29 日，由参考消息报社与新华社新闻信息中心共同发起的《中国城市海外影响力分析报告（2022）》正式发布。根据报告数据，杭州入选"2022 中国国际传播综合影响力先锋城市"。该报告显示，杭州在新闻网站、社交媒体两大平台的运营取得优异成绩，创新活力之城、历史文化名城、生态文明之都成为其海外标签。海外传播新闻网站的关注总量、地区分布、触达效果和内容倾向十分均衡。大多数对杭州的报道倾向是偏中性或正面的。从热门地区分布来看，美国、印度、德国、墨西哥、英国、加拿大、瑞士、意大利、马来西亚、印尼是对杭州最为关注的 10 个国家。海外网络社会对杭州全年都维持相对稳定的关注度。社交媒体平台方面，杭州在关注总量、关键节点、触达效果、商企营销、海媒运营等单项指标中排名靠前。

2.亮点

第一，以第 19 届亚运会为契机，加强国际传播能力建设。2022 年，建设"体育强国"战略已被明确纳入"十四五"规划，成为新时期赋予中国体育事业的新使命，也成为全面提升中国海外形象的新方向。2023 年，杭州以亚运会筹办为契机，不断创新形式内容，提升国际传播效能，为打造社会主义现代化国际大都市营造良好的外部舆论环境。一是利用数字技术生产多形态的国际传播产品。比如，举办国际短视频大赛，推出杭州三大世界文化遗产国际传播系列宣传片，以第三方视角、互联网语言、年轻人思维展现杭州新形象。二是加强与海外用户的交流沟通，通过面向在杭高校留学生等外籍年轻群体开展"杭州国际青年创意营"活动，招募 100 名"Z 世代城市体验官"，传播杭州好声音。三是与海外媒体联动讲述亚运故事。在印尼 G20 峰会以及泰国曼谷 APEC 会议等重要外交活动期间，在印尼主流媒体《罗盘报》整版刊文介绍杭州，在泰国主流英文网站曼谷邮报网刊发文章，讲好杭州亚运故事。

第二，统筹管理部门，组建第三方机构。为了进一步检验杭州市创新的城市形象传播机制与策略运用的成效，城市形象品牌工作指导委员会下设杭州市城市品牌促进会、杭州生活品质研究与评价中心等非营利性社会组织，及时检讨城市形象传播策略实施的成效与得失，不断加强城市形象的内涵建设与纠正失误。使杭州城市形象传播力与国际竞争力的提升进入良性循环通道（莫智勇，2013）。

第三，发挥文化旅游优势，开展对外交流。作为历史文化名城、世界旅游城市，杭州加强对三大世界文化遗产的综合利用，加快建设大运河国家文化公园，精心开展宋韵文化传世工程。而且充分考虑城市文旅形象，结合海外用户个性化需求，把能体现杭州城市天然魅力、独有特色、人文历史形象的元素进行传播内容整合，迎合西方人对东方文化的神秘好奇心理。此外，2022 年，杭州命名塘栖古镇、西溪国家湿地公园等第二批 9 个对外交流人文体验点。截至 2023 年 1 月，杭州市对外交流体验点已达 21 个，为外籍人士感知、融入杭州提供便利，有效提升了杭州的国际辨识度与美誉度。杭州市组织开展"2021 境外主流媒体杭州行"活动，邀请 10 余家境外驻华媒体来杭采风。推出"第三只眼看杭州"国际传播项目，邀请外籍主持人来杭沉浸式体验，制作反映西溪湿地保护、茶文化传承、良渚文化等的系列视频产品。

第四，着力构筑"1+N"国际传播全媒体矩阵，不断构建大外宣格局。杭州深化以杭州外宣厨房为龙头的"1+N"国际传播全媒体矩阵建设。杭州外宣官方海外社交账号 Hangzhoufeel（韵味杭州）通过打通与海外四大主流社交平台 Facebook、X（原 Twitter）、Instagram、YouTube 的连接，全天候以图文、视频、直播、互动等丰富多元的传播方式，向世界展示新时代杭州形象，四大平台总粉丝量达 319.58 万人。此外，杭州拱墅区、钱塘区、上城区、萧山区、滨江区等全市 13 个区、县（市）均开通了机构海外社交账号，从不同层次空间上推动国际传播全媒体矩阵的完善。

第五，激发民营企业对外传播活力。作为民营经济发展的热土，杭州在引导扶持民营企业发展的同时也激发了它们开展对外经济连接的活力。2022 年，杭州分别有 7 家、12 家、4 家企业入选《财富》世界 500 强、《福布斯》全球企业 2000 强和中国企业家协会推出的"中国 100 大跨国公司排行榜"。

（五）"网红城市"城市形象传播亮点

随着淄博、哈尔滨、天水等城市的"出圈"，"网红城市"现象成为城市形象传播研究绕不开的话题。这些城市以食物、气候、地理位置、建筑景观等吸引众多外地游客，成为拍照"打卡"、分享生活的热门景点。哈尔滨文旅的"火热"内容，也受到海外媒体广泛关注。俄罗斯卫星通讯社、路透社、《每日邮报》等对哈尔滨的冰雕、美食等进行报道，众多海外自媒体博主也来到哈尔滨游览，并在社交媒体发布体验视频，成为我国城市形象全球传播的新尝试。在互联网时代，"网红"城市的城市形象传播亮点，为城市形象全球传播实践提供了独特的参考经验。

第一，具备独具特色的、平民化的城市特质。2023年3月，"大学生组团坐高铁到淄博撸串"话题登上抖音热搜，随后与"淄博烧烤"相关的话题陆续登上各平台热搜榜单，淄博伴随"淄博烧烤"迅速"出圈"。"淄博烧烤"作为平民美食，价格低廉、抚慰人心，区别于以往城市形象传播中高端地标、知名景区、知名人物等标签，体现出淄博更为立体、鲜活、生动的城市形象，"热情山东""好客山东""实在山东"等省域形象被广泛传播和认同。景德镇陶瓷文化厚重，政府主导打造与千年瓷都地位相匹配的对外文化交流新平台，近20年连续举办中国景德镇国际陶瓷博览会，发展成为在中国乃至世界陶瓷领域有较高影响力的重要平台，同时，开展国际性、多元化的文化交流活动，与72个国家的180多个城市建立多层次友好合作关系。

第二，形成注重故事和细节的叙事方式和引爆点。众多青年学子奔赴淄博烧烤盛宴，以"小炉+小饼+小料"的吃法"燃爆"网络，引起美食博主"打卡"。淄博文旅部门专门邀请拥有2000万粉丝的自媒体"大V"户外直播，演示"淄博烧烤的正确吃法"。"尔滨"源自网络平台中本地市民在短视频创作中对哈尔滨的称呼，哈尔滨冰雪大世界开园之际，各类与冰雪相关、与东北民宿和城市文旅相关的短视频数量激增，产生"你还是那个尔滨吗？"等热词（许可，2024）。"南方小土豆"成为南方游客的代名词，"小砂糖橘"以形象的比喻生动刻画出广西幼儿园研学团成员的形象。注重故事性和趣味性的叙事方式，能够在千篇一律的城市形象宣传中体现出独特的"存在感"，凝聚一线城市网民的强烈共情，助推城市形象塑造和品牌打造，形成共建共享美好生活的强大合力。

第三，以短视频为中心，搭建社交媒体传播网络。淄博烧烤走红的背后，是全民参与的社交媒体传播活动。短视频这一迅速、直接、自生产的形式，传递出烧烤气氛的火热、城市的烟火气和城市公共服务的高质量，使淄博烧烤产生裂变式传播效果（张明敏，2023）。同时，各级主流媒体也迅速抓住这一新闻现象，进行跟进、直播、深度报道和评论，推动淄博城市形象传播迈上新台阶。哈尔滨市委、市政府把握并运用了这种传播规律，不断打造具有情绪价值的实现场景，实现全城"宠粉"。辽宁沈阳短视频博主"天上拍下个金妹妹"发布短视频，内容是隔空喊话沈阳市文旅局局长，希望沈阳西塔商家能在春节期间多营业。短视频发布仅仅几个小时之后，沈阳市文旅局局长刘克斌私信回复"马上协调"（许可，2024），持续引发网民热烈讨论，"尔滨"现象持续升温。

（六）区县城市形象传播亮点

2024 年 1 月 26 日，由参考消息报社和新华社新闻信息中心联合发起的《中国城市海外影响力分析报告（2023）》发布。该报告认为，当前中国城市国际传播正渐入佳境，涌现出内蒙古自治区鄂尔多斯市准格尔旗、四川省眉山市东坡区等区县城市围绕自身特色推进国际传播的案例。该报告发现，区县城市充分利用自身禀赋，善于发挥自身特点，在国际传播中开始崭露头角，获得了一定的国际关注度。广州市黄埔区、鄂尔多斯市准格尔旗、成都市青白江区、苏州市太仓市等入选"中国国际传播突出表现（区）县域城市"。

区县城市位于中国媒体深度融合的"末梢"和"最后一公里"，随着县级融媒体中心、主流媒体集团的地方化下沉和社交媒体的用户下沉等传播和社会实践的转变，区县城市作为中国信息传播整体结构的新生力量，正在成为全面提升国际传播效能的重要一环。笔者整理有关资料，认为区县城市为城市形象全球传播提供了以下几点经验。

第一，提升县域融媒体的国际传播能力。浙江省丽水市青田县域媒体，从 1993 年《青田侨乡报》创刊到青田融媒体中心建设，青田形成独具特色的"青田外宣模式"。2015 年 11 月，青田创立全球华文媒体联盟，与海外华文媒体的横向联系越发紧密，例如 2018 年春节举办"浙江侨乡中国"活动，与西班牙《联合时报》等 20 家海外华文媒体组建"全媒体微联盟"，覆盖 60 个国家和地区。同时，青田组织一批由长期旅居海外、海外影响力显著的侨领和年轻华侨担任海外文化大使，以人际传播和群体传播的形式，与海外华文媒体一同推广青田特色文化，提升青田全球传播力（应王倩，2023）。

内蒙古自治区鄂尔多斯市准格尔旗在全国范围创新性提出"全域一体化传播中心"，开启了建强用好县级融媒体中心的新探索。而且，成立全区首家哲学社会科学智库和准格尔旗凯尔 MCN 网红联盟，国内多家高校、媒体在准格尔旗挂牌成立实践基地。2023 年 10 月，中国外文局西欧与非洲传播中心（今日中国杂志社）全国首个传播实践基地在准格尔旗揭牌，截至 10 月 20 日，共有 22 家中外文媒体集中关注该消息，国内累计相关信息共 176 条，阅读量 830.5 万人次。

第二，着力培育和传播文旅优势和特色。浙江省丽水市青田县依靠华侨优势，依托海外华人和地域文化的亲缘关系，传播青田特有的石雕文化、稻鱼文化、鱼灯舞文化，以及闻名世界的节庆文化、戏剧文化。内蒙古自治区鄂尔多斯市准格尔旗着力传播本地经济特色、旅游资源和优势产业，2023 年，准格尔旗杏林基地、丰收盛景、山地苹果等相关的视频接连在 X（原 Twitter）、Facebook 被广泛传播；准格尔黄河大峡谷、黄河稻渔生态观光园等"地标式景色"助力鄂尔多斯暖城形象宣传片登陆美国纽约、法国巴黎及国内 100 个城市的核心商圈、户外大屏。

作为江南六大古镇之一，浙江省嘉兴市桐乡市乌镇的全球传播潜力，并不限于古镇文化，而是通过文旅节庆和艺术创意，拓展文化价值中链接传统和本土、面向未来与国际的特性（仪修出、范红，2023），打造"互联网小镇"。例如，2013 年开始，乌镇打造"文化乌镇"主品牌，连续举办多届乌镇戏剧节。乌镇戏剧节强烈的反差感、对本土艺术和实验艺术的挖掘和东西方文化双向沟通创作机制，快速提升了文化乌镇在全球视野中的品牌识别度。

第三，挖掘国家重大倡议内涵，发挥节点和纽带作用。广东省广州市南沙区是广州唯一的出海通道，被誉为"湾区之心"，借助主流外宣媒体和海外社交媒体，生产优质融媒体视频作品，向世界发出粤港澳大湾区之声，展现中国式现代化的"南沙故事"。四川省成都市青白江区充分利用"一带一路"节点城市的纽带作用，发挥中欧班列（成渝）的"圈粉"优势，策划共建"一带一路"十周年、成都国际班列十周年等重大主题外宣活动，生动讲述中国开放故事。

江苏省太仓市面临长三角一体化、虹桥国际开放枢纽、长江经济带等交汇叠加的多重国家战略机遇，积极促进城市形象的国际传播。尤其是在对德合作中，举办太仓市撤县建市三十周年暨德企发展30年大会、第十五届德国太仓日活动，打造罗腾堡风情街、牵手拜仁慕尼黑足球俱乐部，与上海外国语大学共建中德交流合作太仓基地等。一系列经验做法，引发了海内外媒体的广泛关注，持续提升了太仓的知晓度与美誉度。

三 海外城市形象全球传播的经典案例

以欧美国家为主的一线城市形象全球传播能力突出。2023年3月27日，IP SHANGHAI 上海城市形象资源共享平台与上海交通大学中国城市治理研究院联合发布的《全球城市形象数字传播研究报告》显示，纽约、伦敦、巴黎、东京等全球顶尖城市表现优异。本部分从平台机构、独特符号、用户互动和媒介生态等方面，整合不同国家和城市的全球传播亮点，既包括纽约、伦敦、巴黎等全球顶尖城市，也包括独具传播特色、值得借鉴经验的国家和城市。

（一）组建国家（区域）整体平台，统筹全球传播

1. 俄罗斯：整合国家媒体资源，打造国际传播航母

为了提升媒体国际传播能力，俄罗斯从国家战略高度出发，整合各类媒体资源，打造国际传播航母。外宣媒体建设由俄罗斯总统直接领导，俄罗斯财政拨款保障，俄罗斯总统办公厅、外交部、大众传媒部等政府部门共同参与。在这一机制下，2005年，俄罗斯成立专门的对外传播媒体"今日俄罗斯"电视台，简称RT电视台。如今，RT电视台已成为全球性的全天候新

闻网络，包括 7 个播放新闻、时事和纪录片内容的电视频道，6 种语言的数字平台和 1 个视频新闻通讯社 RUPTLY。

2014 年 11 月 10 日，俄罗斯在已有"今日俄罗斯"国际通讯社、"今日俄罗斯"电视台、塔斯社等对外传播媒体的基础上，又成立了卫星新闻通讯社（Sputnik），旨在对外展现一个"多彩"世界，淡化俄罗斯媒体的官方色彩。其新闻网站用英文、法文、德文、西班牙文、葡萄牙文、阿拉伯文、汉文等 30 多个语种每天不间断进行报道，建立了成熟的对外传播体系。其四个编辑中心分别位于中国北京、美国华盛顿、埃及开罗和乌拉圭蒙得维的亚。其中，在国家宏观把控下，风格独特的卫星通讯社中文网作为俄罗斯政府面向中国受众传播的主要渠道，通过对政治、经济、社会、军事、文化、体育等多领域的全方位报道，成功塑造了俄罗斯的国家形象。

俄罗斯通过统一高效管理对外传播媒体，将优势相互结合，避免资源浪费，形成全球传播的强大合力。同时，给予对外传播媒体高度自治权，即在媒体发展和经营方面的自主权，这为全球传播力的提升提供了更多元丰富的内容生产环境。比如，RT 电视台实行总编负责制，采编队伍和日常运营管理团队都是媒体根据自身事业发展需要和市场原则而定的。除了主要负责人由俄罗斯政府任命以外，RT 电视台在其他日常事务上拥有高度自主权，政府不对电视台的日常运营做过多干涉。

2. 英国：作为国家形象工程的"非凡英国"计划

2011 年 9 月 21 日，英国首相戴维·卡梅伦在纽约证券交易所宣布发起"非凡英国"计划。"非凡英国"计划是一项国家形象工程，由英国外交与联邦事务部（FCO），英国贸易投资总署（UKTI），内阁办公厅，英国商业、创新与技术部（BIS），英国文化协会，英国国家旅游局以及私有领域合作关系共同实施，旨在向世界展现英国在企业、知识、创造力、文化、环境保护、音乐、语言、文化遗产、乡村、运动、创新、购物等方面的优势，并以各个优势为主题设计相应的宣传方案和活动。2015 年 7 月，由英国旅游局主办、奥美中国策划的"英国等你来命名"活动荣膺"广告界奥斯卡"戛纳创意节 2015 年金狮奖，这肯定了"非凡英国"计划作为国家形象宣传和广告营销计划的成就。

3. 新加坡：设立专门部门负责打造国家形象

新加坡政府设立打造国家形象的专门职能部门，负责输出国家的科技、创意和价值。在品牌塑造过程中，新加坡借助大众传媒、社交媒体以及其他渠道，并依托国家外交行为，尤其是公共外交实践，拓展对他国公众的影响力，赢得好感和认可。新加坡通过设立专门部门打造国家形象，塑造出了一个善治、高效、美丽、全球化的新加坡形象。

4. 新西兰：成立 The New Zealand Story 作为国家形象推广机构

作为国际知名旅游国家，为了更全面、更系统化地推广新西兰形象，新西兰创办旅游推广平台"100% Pure New Zealand"、成立新西兰故事（The New Zealand Story）公司对国家形象进行包装与推广，面向全世界讲述理念一致且能打动人心的故事，传达"洁净与绿色"的意义。

新西兰故事公司由新西兰旅游局、贸易与企业发展局以及教育部门联合牵头成立，有200多名来自各行业的专业人士担任顾问。企业作为利益相关方的深度参与可保证讲述的故事符合新西兰关键行业国际传播的需求，该公司的核心宗旨是"企业领衔、政府赋能"，面向海外打造具备统一价值理念的新西兰故事内容库。故事框架基于新西兰外向型经济，重点讲述文化、创新、可持续发展、社会活动和创意领域的故事。根据对新西兰主要贸易国家的大量调研，其讲述的故事匹配海内外以及跨行业的价值理念，将新西兰定位为创意无限、持续进步，勇于打破现状、创造新的解决方案，关心人类和地球的发展的国家。

新西兰故事内容库为新西兰本土企业提供最新的可授权使用的影视作品、图片等，为海外推广内容赋能。而且，在现有品牌影响力基础上，建立Fernmark 品牌商标，通过具象化品牌建立商业模式。

5. 北欧奥瑞桑德地区：成立区域合作机构 Oresund Identify Network 负责品牌宣传推广

北欧著名区域合作城市群 Oresund 地区（奥瑞桑德地区），是丹麦与瑞典两个政府跨境合作的区域，是斯堪的纳维亚开展区域合作的典范，被经合组织 OECD 称为"跨境区域合作的佼佼者"。

两地政府成立了专门的区域合作机构——Oresund Identify Network，负责合作区的所有品牌宣传推广活动，该区域的定位为人文之都。该机构的经费由两地政府提供，人员由两地政府分别派驻，该机构吸纳了丹麦和瑞典的公司和公共机构作为会员。通过区域品牌的宣传推广，带动两地的宣传，吸引了大量高科技公司落户。

（二）培育文化符号、品牌，强化和塑造城市品牌特征

1. 法国巴黎：传承城市时尚历史，培育现代时尚符号

作为四大"国际时尚之都"之一，巴黎有悠久的时尚历史和大量的时尚资源。巴黎的时尚理念、时尚产业源远流长，最早可追溯至 17 世纪的路易十四时期。18 世纪，巴黎走到时尚界的主导地位。19 世纪末，法国更加倚重通过"时尚"理念强化自身国际地位、扩大全球影响力。二战后，随着时尚品牌、时尚院校等丰富多样的时尚资源的不断涌现，"时尚之都"逐渐成为巴黎的代名词，得到国际社会的广泛认可。

从早期的高级定制到现代的时装周，巴黎的时尚历史和文化既是现今市场不可或缺的一部分，也是提升城市形象全球传播力的强大资源。巴黎利用活动、会议、展览等大型事件和媒体营销手段，构建时尚之都的城市品牌。例如，法国时装协会主办巴黎时装周（Paris Fashion Week），设计师以巴黎为中心，将服饰理念和时尚品位传递给全世界。众多时尚品牌在产品创新、营销活动中加入城市文化元素，借助巴黎时尚、高端、浪漫的文化形象推广和宣传。2016 年 9 月 22 日，巴黎市政府发布《巴黎，我爱你》城市宣传片，结合"巴黎不止于凝视，靠亲自感受！"的宣传口号，打造融合外在形象和内在精神的城市品牌定位，构建"时尚之都"的鲜明城市形象。

李芮（2020）的研究指出，《巴黎，我爱你》结合了多种城市符号，包括视觉符号、纪实性符号和内涵性符号。视觉符号提炼了标志性旅游资源，纪实性符号建立了城市品牌与公众的情感连接，内涵性符号赋予传播内容更深层次的寓意，通过意识认同凝聚城市居民，对外传递了巴黎多元丰富的城

市精神。

2. 新加坡："鱼尾狮神话"使国家形象从抽象走向具体

鱼尾狮形象是新加坡的国家名片和精神象征。1964 年，新加坡雕刻家林浪新根据"狮子城"的传说设计了一座狮头鱼尾塑像，1972 年建成后矗立在新加坡河口的右岸。1964～1997 年，鱼尾狮是新加坡旅游促进局（1997 年更名为新加坡旅游局）的标志，该局在 1966 年取得鱼尾狮的注册商标权。

"因为这动物非鱼非狮，正说明新加坡人具有东西方的文化、道德、精神，而这个社会，也是由西方的法治精神与东方的价值观所建设而成的一个独特的国家社会。"新加坡总理李光耀决定把鱼尾狮塑造成立体雕塑，希望这尊塑像能和丹麦哥本哈根的美人鱼铜像一样，成为闻名世界的标志。

此外，在不同历史时期，新加坡根据时代背景、经济发展阶段、社会发展要求，提出不同的国家营销口号，体现出高度的灵活性。例如，1964～1973 年的"亚洲万象"（Instant Asia），1984～1995 年的"无限惊喜新加坡"（Surprising Singapore），1996～2003 年的"新加坡，新亚洲"（New Asia Singapore）以及 2017 年至今的"心想狮城"（Passion Made Possible）。

3. 英国伦敦：打造"世界文化之都"品牌

2018 年，英国设计师安雅·希德玛芝（Anya Hindmarch）第一次将巨型红色气球放到伦敦的天际线中。在萨摩赛特府（Somerset House）、特拉法加广场（Trafalgar Square）等热门地点，伦敦市民抬头便能望见"胖乎乎的心"（Chubby Hearts）在天空中的红色惊喜点缀。该活动以新颖的方式连接起了伦敦多个文化地标建筑，并通过国际社交媒体的强烈关注，为全球展示了"世界文化之都"的城市形象。

文化具有跨国界的力量，文化声誉是城市形象全球传播的无形资产。伦敦政府注重城市品牌的设计和包装，建立品牌识别系统。比如，专家组通过初步分析、阅读资料和实地调研，比较伦敦和其他竞争城市（例如巴黎、纽约、东京）的不同，找出本地亮点——开放、迷人、自信、动力无限，凸显"文化多元性、无限创造性"的品牌价值。另外，通过 BBC 媒体传播和层出不穷的活动传播，包括圣诞 Regent Street 点灯仪式、狂欢节、皇室庆典等，大大提升了伦敦作为"世界文化之都"的国际声誉。

（三）注重用户主体，实现个性化传播

1. 韩国首尔：多元群体参与，海外精准传播

首尔的城市形象传播工作，一是集聚多元群体参加城市形象建设，以"I·Seoul·U"城市品牌项目为例，主要参与方分为五组，第一组是由首尔市政府牵头成立的首尔品牌推广委员会，由相关领域专家组成；第二组是由 245 位居民担任首尔品牌公民大使，他们是通过公开申请程序选拔出来的，担任首尔居民的会议决策代表；第三组是由 96 名志愿者组成的；第四组和第五组是来自首尔研究所的第三方研究人员，他们负责数据收集与分析。在该项目中，市民能够在一个开放的设计系统中命名、重新设计城市品牌，并将不同方案进行线上喜爱度调查。有研究认为，共同创造是公众参与"I·Seoul·U"城市品牌建设的价值引领（郭菡荟，2023）。

此外，首尔在城市形象全球传播工作中，不仅面向本市受众开展调研和不同平台的传播实践，而且针对中国、日本和东南亚等不同国家和地区受众的不同情况，采用不同的传播内容和传播策略。例如，首尔城市形象宣传广告放置在北京主干道巨大的广告墙和上海黄浦江的游船上。韩国明星做代言人的城市广告片，则把传播市场锁定在日本和东南亚。

2. 新加坡：运用社交媒体和中国公众互动

近年来，《联合早报》、新传媒电视 8 频道等新加坡华文媒体在新浪微博开设账号，与中国公众展开密集互动，澄清和化解中国对新加坡的种种误会。同时，新加坡利用这一优质平台，将国家介绍给中国，让中国公众从不一样的角度了解新加坡。《联合早报》的"狮说新语""新加坡鱼尾文"等微信公众号获得了大批中国用户的关注，向中国公众传播了新加坡的声音，讲述了新加坡故事。2023 年 10 月，中国新闻社与中国传媒大学新闻学院在北京发布"2023 年上半年世界华文传媒新媒体影响力榜"，在海外地区总榜，《联合早报》《中国报》《新加坡眼》位列前 3。

（四）围绕新媒体构建传播生态网络

1. 美国纽约：构建具有全球竞争力的媒体生态系统

2021 年，全球城市实验室从经济、文化、治理、环境、人才和声誉等六个角度，分析和衡量世界各地城市的发展水平和品牌价值。结果显示，纽约是世界上最有价值的城市，其品牌价值为 2.03 万亿美元。

媒体本身不仅代表城市精神，从事信息交流，也可以通过网络平台在全球范围传播城市形象。纽约全球传播的一个显著特征是，集中和运用全球优质媒体资源，构建具有全球竞争力的媒体生态系统。例如，为持续提升纽约作为"世界媒体中心"的地位，纽约市牵头制订了 NYC Media 2020（纽约媒体发展 2020）计划，通过制定各项引导性政策，鼓励世界知名媒体落户纽约、促进本地媒体与其他创新创意产业跨界融合，成立引导基金孵化媒体创意项目以及制订媒体人才发展专项培养计划等。

该计划由纽约经济发展公司（NYC Economic Development Corporation）（非营利机构）投资发起，目标是巩固纽约"媒体之都"的地位。该机构通过设立纽约媒体实验室（NYC Media Lab）、R Lab 和纽约制造媒体中心（Made in NY Media Center）支持纽约媒体。每个机构各有侧重点，其共同点是以资本和技术为支点引导媒体行业发展。通过"纽约媒体发展 2020"计划，纽约大力发展以数字技术和网络技术为核心的现代媒体文化中心，其媒介信息网络从单一类型转向多媒介、多数量交融的状态，在全球信息传播网络中具备媒体深度融合的强大资源和优势。

2. 英国："非凡英国"计划的全民总动员

在"非凡英国"计划中，英国有整齐划一的对外传播理念，制定全套的全媒体传播方式。一是调动集合热门社交媒体平台和全球官方网站，实时更新活动信息。英国王室成员开通社交媒体，以开放、亲民的方式与民众沟通交流。二是选取重点推介对象国和对象城市，建立传统媒体与新兴媒体联合发布的形式。比如在中国，"非凡英国"计划利用英国旅游局、英国驻华使馆、英国大使馆文化教育处（英国文化协会）等机构的官方微信公众号、微博号等组织活动，并与新浪、京华网、腾讯大申网、环球网、中国日报网等合作。三是发展户外媒体，"非凡英国"计划的广告出现在地铁站、火车站等。四是举办线下活动，"英国等你来命名"活动启动了系列营销活动。2024 年，英国旅游局通过全球营销推广活动，与英国电影委员会（British Film Commission）签署了一份备忘录，突出与电影、电视剧相关的拍摄地、旅游目的地和游客体验。

3. 法国：利用播客进行国际传播实践

根据法国传媒统计所（Institut Médiamétrie）的数据报告，截至 2022 年 10 月，全球播客用户共在线收听和下载近 1.96 亿次法语播客节目，在法国有 1.52 亿次法语播客的收听和下载量。实际上，20 世纪 90 年代后，法国已经开始运用新媒体，播客实践最早能够追溯到 2001 年。2020 年至今，法国播客内容不断创新，吸引了世界用户的订阅和关注。

赵如涵和邹彩玲（2023）认为，法国播客实践包括以下方面。一是法语和法国文化的学习和了解。法国历史文化悠久，文学、电影、戏剧等高级文化资源，是法国文化外交的长期优势。播客通过新媒体技术的创新形式，对时间长度、叙事方式等进行革新，增强海外民众对法国文化的认识和体验。二是政治科普。该研究以法国外交部特别播客节目《外交来源》（*Sources Diplomatics*）为例，该节目为海外民众提供对法国战略重点和当代地缘政治情况等核心问题的专业看法。三是全球议题辩论。辩论节目是法国电视台的历史优势，目前法国 24 电视台推出了播客辩论节目——《辩论》（*Le Débat*），自媒体实践者同样推出《辩论时间》（*Le Temps du débat*）等。他们的研究认为，这些节目从本土视野和国家立场出发，试图唤起全民关注，树立了法国作为保护和推广世界多元文化倡导者的良好形象。

4. 新加坡：推动大众传播媒介和新媒体平台的建设发展

为了提升大众传播媒介在构建国家品牌和传播国家形象中的作用，早在 2009 年，新加坡就启动了媒体融合计划，从三个方面推动大众传媒发展。具体工作涵盖三个领域：一是为传媒产业发展提供优质环境，进一步完善法律法规建设；二是通过推动研发促进新媒体产业链升级，加大对新媒体产业的投入力度；三是保持与世界的互动，强化新加坡所生产的内容和服务对国际社会的吸引力，增进与海外传媒业巨头的合作等。

如今，新加坡已经建立了涵盖国家领导人、政府各部部长、国会议员、政府与非政府机构直至国民个人的新媒体传播体系。网站、微博、微信、Facebook、YouTube、X（原 Twitter）等社交媒体的蓬勃发展，为国家形象塑造和传播提供了优质平台。2012 年 4 月 20 日，新加坡第三任总理李显龙在 Facebook、X（原 Twitter）上设立了个人账号，传播了新加坡领导人的正面形象，丰富了"国家气质"的内涵。

5. 澳大利亚昆士兰州："世界上最好的工作"

澳大利亚昆士兰州旅游局于 2009 年在社交媒体平台 Facebook 上发布了一条号称是"世界上最好的工作"的招聘信息，在全球范围内以半年高达 15 万澳元的薪酬招募一位"守岛员"，工作内容是住在风景如画的海滨豪宅中通过网络发布他每天的所见所闻。这则招募信息一经发布旋即在各国社交媒体上引发爆炸式传播，页面浏览量超过 5500 万人次，招聘网站的点击量超过 800 万人次，访问者平均停留时间为 8.22 分钟，共收到 3.5 万份工作申请单（廖秉宜、任凯伦，2020）。

社交媒体的基本逻辑是创造、创意和分享。昆士兰州以"招聘"为名的宣传活动，用 134.7 万英镑的成本带来 3.98 亿澳元的收入，成为利用社交媒体平台开展城市品牌国际传播的经典案例。2013 年，澳大利亚旅游局再次启动"世界上最好的工作"的招聘宣传活动，该活动再次引起世界各国社交媒体的关注、评论和转发，主流传统媒体也对该活动进行了报道，这种利用社交媒体的话题营销传播活动，提升了澳大利亚的国际声誉，推动了澳大利亚全球传播事业的发展。

（五）聚集标志性文化产业，打造文化"会客厅"

1. 英国伦敦：以文化产业串联创意片区，激发城市对外交往活力

作为全球最具影响力的城市之一，伦敦自千禧年开始从"金融之都"逐渐转变为"创意之都"。其中一项重要措施是利用文化产业的开发和集聚行动，改造和串联城市历史文化实体空间，形成欧洲乃至全球的艺术文化中心，极大激发城市对外交往活力。

位于泰晤士河南岸的伦敦南岸艺术区，坐落 25 栋文化建筑，包括泰特当代美术馆、莎士比亚环球剧场、英国国家剧院、海沃德美术馆、伊丽莎白女王音乐厅、皇家节日音乐厅等艺术类建筑，每年接待游客 3000 多万人次。该艺术区不断挖掘旧港口、旧码头、老仓库等工业遗产的价值，将其改造成美术馆、购物中心、艺术综合体等文化建筑，带来丰富多元的文化体验。此外，该艺术区每年举办近千场音乐会和舞蹈表演，打造主题活动，既成为设计师展示作品的舞台，也成为全球大众接触新艺术理念的文化"会客厅"。

2. 德国鲁尔区：广泛调动参与者改造工业空间

城市品牌建设学者 Anholt 认为，除了政策支持外，对外传播国际城市形象的关键要素之一是与城市的利益相关群体建立伙伴关系，特别是创业者群体。德国鲁尔区曾经是德国传统的工业区，城市面貌较落后，产业以传统工业为主。为重塑鲁尔区往日的辉煌，当地政府发起名为"鲁尔区–德国强势板块"的区域品牌复兴活动。政府发动当地企业和大学共同参与，改造原来的工厂区域，引导高科技企业入驻鲁尔区。

如今，鲁尔三年展（Ruhrtriennale）、鲁尔钢琴节（Klavier-Festival Ruhr）和鲁尔戏剧节（Ruhrfestspiele）等国际化活动涵盖整个地区，鲁尔艺术博物馆群（Ruhr KunstMuseen）构成了全球现代艺术博物馆最为密集的景观带。鲁尔区的城市更新，为德国开辟了一条城市形象全球传播的工业文化路线。

3. 新加坡：建设城市自然空间和文化空间

绿化率高、多元文化、美食天地、绿色建筑等，是国际社会对新加坡的普遍印象。新加坡花园数量多且各具特色，涵盖科技、自然、历史等不同主题，成为游客的"打卡"胜地，在不同层面上促进了城市形象全球传播事业的发展。新加坡通过一系列城市计划，建设基于自然环境、建筑风格、民俗民风、历史遗存等的具有高度城市形象识别要素的公共空间。例如，国家公园局在全岛推出"锦簇社区"计划，即在政府组屋、公寓和私人住宅区、校区等单独划出一小块土地作为社区花园，政府免费发放种子、鼓励居民种花种菜。

　　同时，新加坡通过"文艺复兴城市计划"，建设基于一流基础设施、具有高宜居指数及独特多元文化和前瞻性特色的国际人才集聚地，包括文化艺术场所、网红打卡地，设立文化遗产节、艺术节，举办国际性交流文化艺术活动，形成艺术文化生态体系。此外，在文化传承和发展方面，集聚文化创意中心，形成一条文化创意产业延伸链条（吴文妹，2021）。新加坡的城市自然空间和文化空间，成为城市形象全球传播的重要媒介。

第四章

新媒介视野下中国城市形象全球传播的规律

一 传播观念

（一）城市形象的全球定位具有异质性

城市形象的定位，立足对城市历史、现状与未来的调研与分析，挖掘城市的独特资源，寻找与城市形象相吻合的因子和载体。城市本身是多元文化共存、交融和相互影响的场所，城市之间、城市群之间、国家和地区的城市之间，自然体现出各种层次和视角的异质性。新媒介视野下，独属于城市内部的政治、经济、文化特征，在全球传播场域中更为凸显。城市形象的全球定位，随着与城市文化的共振，具有鲜明的异质性。城市形象定位的异质性，是受到海外受众关注的一个关键之处。

例如，在粤港澳大湾区，广州、深圳、珠海三地的城市形象定位，显示出不同特征。作为海上丝绸之路的发祥地，广州被誉为"千年商都"，如今正在从一个立足华南的"国家中心城市"逐步发展为一个"国际中心城市"。深圳作为经济特区，自 20 世纪 80 年代起，便以创新和多元共融为特色，如今处于全面纵深推进中国特色社会主义先行示范区建设的关键时期，从"改革之城""开放之城"到"创新之城""先行示范之城"的城市符号背后，蕴含了深圳别具一格的城市形象。珠海虽然紧邻广州、深圳这样的经济强市，但依然让海外媒体感受到了它的区域经济竞争力。有研究指出，海外媒体最为关注珠海的"商业新闻"和"公司活动与管理"，产业经济热词居多，"技术""电子""制造"体现出城市产业特点，航空国防业则为珠海带来了独一无二的识别度。

有研究专门总结了现有城市形象的定位类型。海外城市形象定位包括会议型城市形象定位、文化型城市形象定位、体育型城市形象定位、美食型城市形象定位（聂艳梅，2016）。一些具有主导产业的中国城市，也有潜力做出独特的城市形象定位，例如大庆、克拉玛依、海宁、佛山。异质性的城市形象定位，能够打破"千城一面"的困境，带来独特的城市吸引力和影响力。

（二）共享的价值观有助于全球传播

习近平主席在第 70 届联合国大会的讲话中指出："和平、发展、公平、正义、民主、自由，是全人类的共同价值，也是联合国的崇高目标。"党的二十大报告进一步强调，"世界各国弘扬和平、发展、公平、正义、民主、自由的全人类共同价值，促进各国人民相知相亲"。全球城市传播，要重视人的体验，回应世界各国民众对美好生活的期待，从而打破不同国家和地域间的文化隔阂，融合全人类不同价值观念的共性部分，为人类命运共同体奠定价值观基础。

从中华文化"走出去"的角度看，传播机构可以将中华文化创造性转化为海内外华人共享的文化成果，例如"道法自然""天人合一""天下为公""世界大同""以和邦国""和而不同"等思想，让海内外同胞共享中华文化的内容和价值。上海出品的微纪录片《凝固的诗·探秘中国民居之美》，用传统建筑语言吟出了"诗"的艺术美感与文化内涵，让更多外籍人士了解中国的传统文化之美，也了解到中国深层次文化和海内外现代观念共享共通的空间。

从现代社会的价值观来看，传播机构可以注重世界各国民众共同关心的问题。比如，对教育、住房、社会公平、社会安全水平的提升。上海的融媒体作品《盲人兄弟的上班路》，用文字和视频记录下上海熊爪咖啡种子店盲人双胞胎兄弟的工作日常，向世界生动展现自信自强、包容关爱的共同价值观。上海电气集团推出生物多样性 H5 交互设计"'碳'索未来"，聚焦产业低碳化、数字化转型，并在海外主流社交媒体 Facebook 上发布和传播。这一创意设计，体现了全人类共同认可的生物保护观念，吸引了广大海外用户关注，为体现中国主张作出表率。2022 年 5 月 26 日，重庆国际传播中心推出《外眼看重庆：我在中国》系列视频，邀请 7 名长期在重庆工作生活的外国友人，以城市规划、生态环境、文化交流、国际教育、成渝高铁等围绕重庆近五年发展的关键词为中心，分享他们对重庆高质量发展的所观所感，系列视频成为海外爆款。

获得第 33 届中国新闻奖国际传播三等奖的作品是一部纪录片，名为《义乌有个"阿依乐"》。这部纪录片以在义乌做辅警的新疆姑娘莎莎为主角，讲述了莎莎和少数民族同胞、外籍友人相处，传递积极向上力量的故事。在该纪录片中，众多海外人士用简单质朴的语言和真实自然的感情，生动直接地阐释了中国城市开放、包容的形象。这部纪录片唤起了海外用户对中国警察的喜爱与敬意，对文明、开放、包容的中国城市义乌的喜爱，从而激发了海外公众的共情，提升了义乌城市形象的全球传播效果。

二　传播方式

（一）不同地区纷纷成立国际传播中心

近年来，上海、重庆、山东、河南等地，依托省（市）级主流媒体，成立国际传播中心，有研究指出，国际传播地方实践的建制化力量逐渐形成，地方主体尤其是地方主流媒体日益成为国际传播格局中的重要组成部分和文明互鉴进程中的重要动能（张毓强、姬德强，2024）。

2024 年 1 月 16 日，《新闻出版广电报》梳理了在上年取得亮眼成绩的国际传播中心案例。例如，西部国际传播中心以重庆参与共建"一带一路"

倡议提出十周年的故事为主题，推出英文专题视频 18 期，累计播放量超过 300 万人次。今日广东国际传播中心联合日本知名纪录片导演竹内亮团队制作系列微纪录片《我在广东》（*My Guangdong Story*），讲述来自俄罗斯、法国、美国、日本、丹麦、坦桑尼亚的 6 位外国朋友在广东安居乐业、奋斗逐梦的故事，中英文纪录片在境内外平台的播放量近 2000 万人次。河南国际传播中心聚焦国际政要、外交使节、知名学者等推出高端访谈栏目《世界观》20 余期，以生活在河南的外国友人为主角策划推出《老外奇豫记》系列微短剧近 20 期。湖南国际传播中心湖南日报社 3 批共 12 名记者奔赴马达加斯加、埃及、肯尼亚、贝宁、莱索托、南非等 6 个非洲国家开展实地采访，推出《出海记·走进非洲》大型融媒报道。

另外，部分省市通过设置专项资金，推动全球传播事业发展。上海市设立"中华文化走出去"专项扶持资金，自 2018 年设立以来，该专项扶持资金扶持的精品文化项目，已成为城市推广的重要组成部分。2024 年，该资金评选出了包括赴匈牙利举办"不朽的玉甲——中国汉代文物精品展"、上海博物馆馆藏系列推广片、2023 年法国戛纳秋季电视节"上海主题日"活动等在内的项目。有报道指出，评选出的项目体现出上海国际传播民间力量更活跃、产品形态更多样、善于抓住重大契机等特征。此外，上海市委外宣办特别建立了"上海城市形象资源库"和"上海城市形象 IP 库"，充分调动社会力量，激发全社会创意活力，共同做好城市形象推广。

（二）以平等开放的心态和海外媒体主动沟通

作为海外受众接触和了解各类内容的重要平台，海外媒体是城市形象全球传播中沟通海内外信息、连接海内外受众的通道。传播机构以平等开放的心态，加强与海外媒体的主动沟通，有利于和国内主流媒体一道，形成全球传播合力，推动传播主体的多元协调，提升城市形象全球传播力。

上海城市形象全球传播的优势之一是集中了大量优质的海外媒体资源，海外主要通讯社和主流媒体基本在上海设立了机构，数量仅次于北京。为了不断增进海外媒体对上海、对中国的了解，上海相关传播机构，主动加强与境外媒体的沟通，在日常交往中与境外媒体一同讲述上海故事。

一些城市以节庆、展会、办报、直播等方式，与海外媒体增加多层次的创新沟通。2019年，北京组织"丝路大V北京行"活动，邀请13个共建"一带一路"国家的17位国家级智库成员、媒体记者、网络红人等来京，5天参访28个采访点，发出境内外报道近500条，国内外阅读量达1000余万人次。广州积极加强与境外主流媒体合作，广州日报社与澳大利亚《星岛日报》合作出版《广州日报·澳洲版》，与北美洲《明报》合作出版《广州日报·北美版》等。

2023年5月26日，中国国际大数据产业博览会开幕式期间，数博会国际传播中心邀请俄罗斯记者缇娅娜以视频直播的形式，让海内外线上观众感受大数据时代贵州国际传播的发展变革，一睹"中国数谷"的风采。海外媒体记者通过"沉浸式"走访体验，以自身所见所闻，直观地将贵阳大数据发展情况、贵州天文科技及研学旅游等新时代的发展成果传播到世界各地。

（三）围绕社交媒体，形成短视频内容矩阵

新媒介视野下，数字技术嵌入日常生活和公共交往中，互联网、智能手机等基础设施，构成当下城市形象全球传播的数字技术环境。短视频作为社交媒体平台流量最高、适用人群广泛、覆盖面最广的一种传播形式，在一些城市，已经成为全球传播内容矩阵的中心和重点。有研究以中日六个城市（广州、深圳、惠州、东京、川崎、琦玉）为案例，通过数据整理，发现城市形象宣传类视频以自然资源、生态环境、文化历史艺术、社会环境、旅游基础设施、旅游休闲娱乐、基础设施为主（张越，2020）。

西安利用短视频社交媒介，深度挖掘历史文化特色，与抖音合作共同打造文化符号，推广旅游资源，包括设立抖音话题、打造主题活动、邀请抖音达人、制作城市短片等，完成了非物质文化遗产到网红符号的蜕变。2020年，抖音话题#西安#累计播放量已达166亿人次，话题内评论量最高的视频评论数达到109.2万条，最高点赞量更是达到573万人次，无论是话题量还

是互动量，西安这一"抖音城市"的用户活跃度均位于前列（杨哲贤，2020）。

武汉国际传播工作室举办了"影像江城·2022城市短视频创摄大赛""新媒体传播计划""汉Show系列Vlog""武汉非遗12集""城市摄影队拍摄武汉大片""武汉三美"等活动。"发现武汉"海外账号发布的武汉"光子号"空轨试跑视频登上YouTube首页推荐，体验国内首个24小时服务的无人驾驶接驳车"春笋号"Vlog曝光量143万次，湖北省博物馆与自媒体联合发布的开箱鉴宝短视频，曝光量超800万次。

iChongqing选取"桥都"重庆的成长过程，推出《百年巨变｜山水重庆 中国桥都》6分钟英文短视频，并联合四川外国语大学推出俄语、法语、德语、西班牙语、阿拉伯语、日语、朝鲜语7种版本的短视频，被新华社、《人民日报》英文客户端、《中国日报》客户端等外宣央媒和海外60多个国家的主流媒体转发，海外总阅读量超过2.33亿人次。在该视频取得成功后，iChongqing打造了桥都视频姊妹篇《轨道上的都市区》，讲述了重庆人民克服复杂地形障碍，建立立体畅通的轨道交通网的故事，覆盖海外用户2.28亿人，全球播放量近亿人次。

（四）构建全媒体全球传播体系

党的二十大报告提出"加强全媒体传播体系建设，塑造主流舆论新格局"，充分体现了以习近平同志为核心的党中央对新闻舆论工作的高度重视和科学部署，"全媒体传播体系"成为指导中国媒体融合发展的新行动指南。一些城市的全球传播实践建设，嵌入全媒体传播体系，搭建专业服务于全球传播工作的平台，营造了良好的全球传播环境，有效提升了全球传播的质量水平。

例如，上海已经形成了由多家本地媒体（上海广播电视台、《上海日报》、《新民晚报》、上海第一财经、澎湃新闻、东方网）构成的、面向海外用户的全球传播平台，并试图在内容和服务上形成垂直化、差异化格局。同时，上海通过"中华文化走出去"专项扶持资金项目和"银鸽奖"评选征集等，吸引来自教育、文化、旅游、体育、卫生、科技等多领域的机构、高校、企业踊跃参与，集聚了一批由社会民间力量构成的多元传播主体，并进一步打通资源、形成互补，有效丰富了全媒体全球传播平台的内容。

重庆国际传播中心建设和运营了"1+N+X"的 iChongqing 海外网络传播平台，该平台设置 Tourism、Culture、News 等专栏，在 Facebook、Instagram、YouTube 等海外主流社交媒体开设账号，根据各平台的受众需求进行内容定制，并推进与 X（原 Twitter）、Google、Facebook 等的合作（陈冬艳，2019）。成都以外语媒体建设为抓手，建成覆盖网站、杂志、电视、社交平台、智库等多形态的国际化、专业化、差异化的外语传播矩阵，包括一个英文网站（GoChengdu），一本中英文杂志（*HELLO Chengdu*），一个外语视频专栏（Chengdu Plus），一个国际频道（红星新闻"一带一路"频道），一个智库（每日经济新闻智库）以及一批海外社交账号，形成比较优势。

三　传播内容

（一）由上海、北京转向特色化的"小尺度"区域

全球传播实践的地方转向，展现的是数字技术对全球传播权力性区域的新一轮变革，实际是资本、技术和传播权力的关系问题。一方面，原有的全球性城市，比如纽约、伦敦、巴黎、东京、上海、北京等，仍会持续发挥其影响力；另一方面，原本隐没在资本之下的"小尺度"区域，随着数字技术带来的地域均等化，出现在全球信息传播的舞台上，可能带来全球传播秩序的新一轮变动，即出现新的区域转向。此处所指的"小尺度"区域，即在地理范围和认知层面，相对于全球性城市而言的中小型城市乃至区县城市。

作为中华文化的优秀代表和亮丽名片，景德镇陶瓷文化历史悠久、工艺精湛、艺术价值高，并非近年才出现的特征。社交媒体等新媒体技术，将

2000 年的冶陶史、1000 年的御陶史浓缩到短视频等新的传播形式当中。随着共建"一带一路"中缅经济走廊、孟中印缅经济走廊、面向南亚东南亚辐射中心、瑞丽国际口岸城市建设的加快推进，一系列区域性对外合作宣传建筑，成为我国全球传播实践的新地标。

（二）中华文明文化成为全球传播的关注焦点

2021 年 9 月 17 日，《鱿鱼游戏》在奈飞正式上线。该剧援引了一系列 20 世纪七八十年代风靡全球的儿童游戏，由"一二三木头人""拔河""鱿鱼游戏"等组成。该剧虽然是韩国题材，用韩语制作，但收看观众覆盖了全国近百个国家和地区，达到 1.11 亿人次。《鱿鱼游戏》作为以"文化+科技"方式推动当地全球传播的案例，对我国全球传播具有重要启示。

新媒介视野下，中华文明文化成为中国对外传播战略制定和国际传播的关注焦点（贺欣怡、张毓强，2023）。2022 年 5 月 22 日，中共中央办公厅、国务院办公厅印发了《关于推进实施国家文化数字化战略的意见》。全面梳理中华文化资源，实现中华文化的全景式呈现是实施国家文化数字化战略的最终目标。该意见指出，要促进中华文化和科技的深度融合，运用先进技术，增强中华文化的传播力、吸引力、感染力。

新媒介视野下的跨文化对话，即以新媒体为传播渠道，以本国、当地的文化理念、话语、主体和方式为内容的创新性传播。2024 年，上海涌现出芭蕾舞剧《茶花女》澳大利亚演出、舞剧《朱鹮》日本巡演、《陈家泠：水岸丹青》巴黎艺术展、2025 泰国豫园灯会、纪录片《前浪》等中华文化国际表达作品和项目，The MINT——中英造币文化交流展、忆江南——上海非遗艺术悉尼展、"童声漫游上海"、"中美科技合作典范在上海向未来"等创新展示上海城市形象的国际传播活动。

此外，近年来出现的"短视频出海"现象，也说明了跨文化交流对全球传播的重要性。包括"滇西小哥""阿木爷爷""手工耿""碰碰彭碰彭"在内的中国自媒体博主"扬帆出海"，有意识地生产和传播一些带有东方文化元素的作品，由此展开中国历史文化与社会生活的万千气象。以美食博主

"滇西小哥"为例，这位"90 后"的云南保山姑娘，在海外社交媒体发布的视频以云南乡村生活实景为主，通过展示酸角糕、云腿酥等美食，呈现制作的全过程，向海外用户展现着新鲜、清新、质朴的中国农村生活、农民风俗。随着中国自媒体博主通过短视频在海外的话语声日渐响亮，借由主流社交平台推荐，中国品牌实现"弯道超车"。

（三）从宏大叙事转为"网感"叙事

以往，以主流媒体为中心的全球传播机构，在对外报道框架中往往采用宏大叙事逻辑。新媒介视野下，这一逻辑已经不再适用当前社交媒体上流行的、受众面更广的故事性、个性化叙事框架。不少案例证明，在全球传播实践中，更有"网感"的叙事逻辑，能够拉近传播机构及其所在国家与受众的关系，也能使社交媒体的受众更容易了解、理解传播内容，从而取得更好的传播效果。

在国内重大主题报道中，不少媒体已经在实践新型叙事方式，比如，2023 年途经长江国家文化公园沿线 13 个省区市、行程万里的"沿着长江读懂中国——万里长江行"主题宣传推广活动。同时，在对外报道中，有些媒体，已经具备这样的探索意识。北京冬奥会期间，中国国际电视台（简称 CGTN）深入海外社交媒体平台，充分了解各大社交平台特点，打造符合平台风格的报道内容，将叙事对象和话语风格转向微观话题。CGTN 充分挖掘中国运动员背后的成长故事，并推出系列人物纪录片。《苏翊鸣：滑雪是我唯一的爱好》（*Su Yiming：Snowboarding is my one and only*）通过对苏翊鸣家人的采访，侧面反映他在滑雪训练过程中的艰辛。视频播出后，获得海外受众的点赞和祝福。CGTN 还特别策划《我的冬奥故事》（*Humans of Beijing 2022*）栏目，深入冬奥会幕后工作人员的工作场地，凸显冬奥会的人文关怀。

另外，值得一提的是，作为上海报业集团旗下澎湃新闻推出的一款外宣新媒体产品，"第六声"（Sixth Tone）的重要特征之一是"小而美"的中国表达传播策略，在全球化语境及国际传播场域聚焦中国普通人的日常。在其主界面，尽管同广大主流媒体客户端一样，设置经济、文化、政策、科技、民生等标签，但"第六声"（Sixth Tone）主动避开宏观政策和建设成就，以大时代的普通人为切入点，展示普通人的生活细节和内心状态，通过一个个鲜活的中国人让受众了解并关注中国（郭新华、赵翔，2021）。

四　多元媒介

（一）文化产业和公共文化活动

法国的戛纳电影节、意大利米兰的时装周、达沃斯的世界经济论坛、美国纽约的伍德斯托克音乐节等，在全球范围内推广当地的城市形象。这表明，具有国际权威、专业度和普遍认可度的大型会展和节庆，能够推动全球传播事业发展。

具体来看，文化产业和公共文化活动不仅能够为城市文旅带来人流和信息流，使全球更多民众实地了解当地形象；同时，结合当地历史文化特色和城市品牌的文化产业和活动，能够吸引全球民众在社交媒体上进行线上互动，在新媒介视野下，这一实践意味着塑造城市形象。这为我国利用文化产业助力城市形象全球传播、增强中华文化吸引力、提升国家软实力等方面提供了启示。

近年来，北京市策划组织了一系列大型会展和节庆活动，打造了主场外交、主场国际传播、主流传播、主力传播的经典之作。例如，2017年，北京市打造"一带一路"国际合作高峰论坛《千年之约》文艺晚会。2019年，第二届"一带一路"国际合作高峰论坛、北京世园会、亚洲文明对话大会、国际篮联篮球世界杯等重大主场活动，影响直达外国元首、各界政要。2018年和2019年，北京连续推出上海合作组织成员国媒体北京论坛、国际城市媒体北京论坛，以大国首都的高度推进中外媒体交流，唱响北京旋律，成为富有实效的媒体合作传播创新实践。

体育赛事不仅是运动员的竞技场，也是文明交流互鉴的舞台。成都大运会期间，中华文化受到不少国家运动员的喜爱和认可。比如，太极剑比赛项目中，运动员们纷纷选择中国风音乐作为配乐，日本选手选择《梁祝》选段，阿尔及利亚选手选择《仙剑奇侠传》影视插曲，新加坡选手则选择《红旗颂》等。实际上，这几年，成都已经成为国际活动的重要主办地之一。仅在 2019 年，成都就举办了 33 场受到国际大会与会议协会（ICCA）认可的国际会议。

（二）城市地理空间是全球传播的新设施

新媒介视野下，城市地理空间具有媒介性。城市形象全球传播实践，不仅包括一系列"软件"，比如公共外交、文旅活动，也包括一系列"硬件"，即支撑前者的城市基础设施，其中的显要因素是城市地理空间。"硬件"和"软件"相辅相成，共同构成城市形象全球传播实践。

关于城市地理空间在全球传播实践中的媒介性，2024 年，值共建"一带一路"倡议提出十周年之际，"不朽的玉甲——中国汉代文物精品展"由上海博物馆、徐州博物馆、成都文物考古研究院联合推出，于 2023 年 6 月 24 日在匈牙利莫拉·弗朗茨博物馆（Móra Ferenc Múzeum）举办。该展览聚焦中国汉代，陈列汉代的生活用具、礼仪祭祀、丧葬习俗等主题文物，多角度展现汉代历史、文化和艺术面貌，探讨中华文明的文脉传承。有研究指出，上海犹太难民纪念馆通过升华展览主题，提炼超越意识形态差异的史料，向世界讲述中国故事（陈俭，2022）。另有研究指出，中国援外工业遗产，是中国团结、支援世界其他国家共同发展的历史物证，见证了全球化运动的风云变幻（韩晗，2023）。马耳他船坞、喀喇昆仑公路等极少数援外工业遗产已成为较受外国游客青睐的景点。笔者建议，对于工业遗产的再利用，要重视其作为国家重大工程的文化价值。

交通也是全球传播实践的基础设施之一。比如，在新冠疫情期间，成都作为中国中西部交通枢纽和国际门户枢纽，虽然人员跨国往来受限，但交通枢纽带来的辐射效应仍然存在，并且，交通优势仍可成为恢复人员往来和公共外交的有利条件。

第五章

主流媒体城市叙事转型

—— 以《晶报》非虚构写作栏目《元故事》为例

　　都市报作为一种媒体类型，以本地新闻为主要报道领域，其新闻实践深入本地市民日常生活。由于中国新闻事业的双重属性、都市报的机构特质、主流媒体的融合需求等，都市报拥有较高的市场化运作能力和区域影响力，开创出更为多样的媒体转型模式和策略。

　　都市报既是一座城市发展到一定阶段的文化产物，也是城市文化的重要载体，塑造着市民共同的文化观念和精神空间。所谓"城市文化"，是人类历史、地理、政治、经济等因素共同运作的结果。深圳经济特区是中国改革开放的前沿阵地，深圳城市文化是中国城市文化建设的特殊样本，与都市报的运作发展相伴相生。

　　创刊于 2001 年 8 月的《晶报》，是深圳的主流都市报，以社会、民生、公共服务报道见长，被称为"最了解深圳"的阳光媒体。2022 年 5 月，《晶报》转型打造深度垂直大文化，深耕文化领域的"城市文化全媒体传播机构"（李跃，2022）。《晶报》提出的这一目标和定位，是一项创举。新媒介视野下，《晶报》城市叙事转型为全球传播实践提供经验启示。

　　本章以深圳《晶报》非虚构写作栏目《元故事》为例，讨论都市报的内容及其生产实践究竟如何与城市文化相连接。一是介绍创办《元故事》

栏目的背景条件，二是归纳《元故事》的内涵和特征，三是从新闻文本、生产行为和媒体运作三方面，分析《晶报》深圳城市文化传播工作的创新路径。

一　创办《元故事》栏目的背景条件

（一）城市建设

第一，城市文化建设进入新阶段，对主流媒体提出新要求。城市文化是城市现代化的根基，是城市的气质和灵魂，也是城市发展的重要动力。深圳经济特区成立以来，文化就成为深圳发展的题中之义（艺衡，2019）。历届市委、市政府高度重视城市文化建设，规划完善公共文化服务、发展文化产业、打造文艺精品。近年来，深圳城市文化建设走上快车道，出台了一系列文化政策。当前，深圳文化工作迎来承前启后的关键阶段，塑造展现社会主义文化繁荣兴盛的现代城市文明，建设现代城市文明典范，成为深圳文化工作的目标。着力打造"五个典范"，塑造与深圳经济地位相匹配的文化优势和文化形象，要求全面提升城市文化影响力和国际传播力，全面推进城市形象传播的观念、体制和机制更新。城市建设的根本需求，为深圳主流媒体文化传播体系的创新转型，指出新的方向。

第二，丰硕的文化建设成果为内容生产提供海量素材。在文化发展理念和战略的引领下，深圳城市文化建设成绩斐然。深圳经济特区成立以来，深圳城市文化内涵和文化品牌不断丰富。例如，倡导"深圳十大观念"，提炼城市精神，培育深圳文博会、深圳读书月、创意十二月等城市文化品牌，推进"新时代十大文化设施"和"十大特色文化街区"建设。

（二）文化传播

第一，"讲故事"是深圳城市文化传播的历史经验。"故事"是一种文本叙事方式，有研究认为，中国新闻业对"故事"以及与之类似的"报告文学"的发掘和应用（张晓娴，2023；常江、王雅韵，2023），源自改革开放后的思想解放和市场化浪潮，并因其较好的传播效果备受重视。实际上，就深圳来说，城市史书写和传播的一条显著渠道，即图书、报刊、电视歌曲等媒介所展示的各类"故事"。例如，20世纪90年代，深圳市委宣传部出品的图书《深圳的斯芬克斯之迷》、《深圳特区报》的长篇通讯《东方风来满眼春》、歌曲《春天的故事》等。深圳经济特区四十多年的发展历程，是中国奇迹的缩影，是"中国故事"的代表作。这座城市的特殊属性，决定了"深圳故事"的叙事思维，定位于"国家战略的深圳表达"。在特区事业的开拓期，这种宏大叙事，对城市文化传播起到关键作用。

第二，"讲故事"的传统理念和方法亟须全面更新。作为互联网城市、移民城市和中国"最年轻"的城市之一，深圳具备发达的数字基础设施和服务，以及以青年群体为主的市民结构和创意化、现代化、国际化的媒介观念。伴随数字技术对城市文化传播生态的深度调整，以宏大叙事为主的"深圳故事"的影响力走向衰微。面对这一新形势，深圳城市文化的传播实践，亟须全面更新"讲故事"的理念和方法。

（三）媒体转型

第一，数字技术改变传统媒体的生产和传播机制。在新闻生产领域，"PGC+UGC"的新闻生产特征日益显现。从信息接收来看，用户获取新闻信息的媒介边界在不断弱化，报纸、网站、客户端、微博等媒介入口不断完善，社交媒体在新闻获取和传播过程中的影响力不断扩大（李良荣、袁鸣徽，2017a）。以互联网为中心的信息传播格局，推动城市的现代化转型，重塑了城市文化的生产和流动方式。传统媒体的生产和传播权力被分散和消解。有研究认为，在传播革命所导致的"网络化关系"中，作为职业实践的新闻传播，化为"关系之网"中的一个互联部分，成为一个"节点"。按此说法，城市文化的传播，未必一定需经过作为"节点"的机构媒体和专业媒体。

第二，《晶报》具有城市文化的报道优势和市场空间。都市报的转型还处于尝试、探索阶段，尚未形成成熟的转型模式和发展策略。但选择本地化的服务路径，垂直划分服务领域，以重建一个立足本地的、清晰的用户数据库，实现细分市场的整合营销（张志安、张小瑞，2015）为目标，应是都市报的基本观念。《晶报》创刊以来，倡导"办四张纸"（深度纸、观点纸、人文纸和视觉纸）（刘忆斯，2017），各个时期的文化版面（《晶报图书评论》《人文正刊》《深港书评》等）致力于挖掘和报道文化热点和文化人物，是传播深圳城市文化的重要载体。同时，《晶报》曾举办16届"晶报名人演讲周"、4届"阳光奖"及"诗歌人间"等文化活动，致力于深圳文化品牌推广，为所在城市培厚人文诗韵（陈寅，2009）。当下，深圳文化市场的进一步开拓和《晶报》的城市文化实践，为其"大文化"的转型方向提供了必要依据和支撑。

第三，《晶报》以转型"大文化"带动报社整体改革。《晶报》对"大文化"作出清晰界定，一是重点聚焦深圳、深港文化报道；二是"文化+"，即以文化为内容生产的方法、道路和视野；三是"+文化"，即"以文化物、以文化城、以文化人"，塑造城市和市民的文化品格（彭健，2022）。转型初期，《晶报》回到"深圳故事"这一深圳城市文化传播的历史经验，重新思考"讲故事"的理念、方式和机制。长远来看，《晶报》力图以转型"大文化"为契机，带动在内容生产、产品制作、组织机构等方面的整体改革。《元故事》《聚光灯》《观文脉》三款内容产品，在这一思路下应运而生。

二　《元故事》的内涵和特征

（一）内涵

《元故事》在2022年5月9日正式推出，是《晶报》全力打造城市文化全媒体传播机构的主打内容产品之一。每期刊登一篇，跨三版，每篇字数约为5000字。《元故事》旨在以"面向现代化，面向世界，面向未来"的文化新视角，以非虚构写作的新叙述，以全媒体平台的新呈现，以全网推送的新传播，重新讲述深圳故事。截至 2023 年 12 月，《晶报》已刊登了约 500 篇《元故事》。

《元故事》的指向是，在"全球视野、国家战略、广东大局、深圳特色"四维空间中，撑开文化定义边界，努力开辟一个深圳故事叙述的"新纪元"（彭健，2022）。

（二）特征

第一，设置地方性选题，以深圳城市文化为报道视域。《元故事》的选题，聚焦深圳及深港、湾区文化的动态、概念、历史、人物和空间等领域。例如，剧本杀、脱口秀、滑板等新兴行业，大芬村、东山村、深圳河等城市空间。而且，《晶报》特别策划了《"双城"元故事》《特区元故事》《宝安元故事》《粤菜师傅》《蓝色深圳》《深城记》《深港故事》《深圳读书月》《4·23 世界读书日》《2023 深圳设计周》等系列专题。

第二，要求沉浸式采访，参与和体验采访对象的日常生活。日常的《元故事》写作需要大量的时间去收集资料、采访、跟踪线索，是一个相对漫长的过程。相比传统新闻生产，《元故事》作者需要进行多次且深入的采访和文献研究，真切了解、用心体察采访对象的生活、情感和心理活动。

第三，强调非虚构叙事，突出思想性、纪实性和情感共鸣。作为新闻报道类型，以非虚构写作为叙述逻辑的《元故事》，强调在事实核查的基础上，更为注重故事现场、人物和情节的细节描述，展示故事的复杂性和人物的微妙命运。以读者的深刻共鸣，指向更为本质的城市与文化议题。

第四，探索全媒体呈现，延伸文字作品的社会传播效果。在纸端，更新报纸头版为当期《元故事》的绘画和标题，设计师提前介入，与作者协作提出视觉元素采集需求。在新媒体端，一是视频化，对故事性强的选题，在生产报纸内容的同时推进短视频生产；二是海报化，对报纸内容进行海报转化，包括三段精华文字、三幅海报。在分发方面，除《晶报》自有平台外，在中央媒体平台、商业互联网平台等进行广泛传播。

三　《元故事》生产：深圳城市文化传播的创新路径

（一）新闻文本

1. 记录文化动态，介绍新闻热点的来龙去脉

作为都市报的非虚构新闻栏目，《元故事》秉持新闻媒体的真实性和客观性原则，反映和追踪深圳城市文化的"新近变动"。

第一，从文化角度认识和理解深圳的建设发展成就。2022 年 8 月，在深圳经济特区成立 42 周年之际，《晶报》推出《特区元故事》特别策划，梳理了四十多年来，深圳的符号性建筑、文化地标、组织机构等的建设成果，包括邓小平铜像、国贸大厦、深圳大学、深圳交响乐团、深圳书城、深圳戏院、深圳湾公园、《现代摄影》杂志、深圳女装公司等。从写法上看，《元故事》作者避免了对建设发展成就的客观罗列和铺陈，而是选取与之相关的人物作为叙事视角，从时空背景、人物真实经历着手，与读者共同回到城市建设的具体场景和事件状态中。例如，在《铜像往事》（林菲，2022）一文中，作者与邓小平铜像的创作者之一滕文金之子——深圳艺术家滕斐相约前往莲花山瞻仰铜像。雕塑艺术之美，无疑是深圳城市文化的一种表现。

第二，深度记录城市文化热点的脉络和价值。一是报道全球文化热点的深圳因素，例如《深圳的"普罗米修斯"》一文，报道了《大英博物馆世界简史》所收录的 100 件最具代表性的藏品中，其中一件为深圳制造的太阳能灯。二是重新讲述深圳城市文化品牌的故事，包括深圳设计周、深圳读书月、创意十二月等主题活动。例如，2023 年 4 月，深圳设计周期间，推出《深圳："设计之都" 15 年》《"申都"往事》《抵达创意城市》等系列文章，深度解析深圳的创意设计基因。三是深入挖掘和解读深圳新近发生的文化动态。包括深圳博物馆"理解三星堆"展览、第九届深港城市＼建筑双城双年展（深圳）、中国第二届翁贝托·艾柯学术研讨会等文化活动和无臂

小伙何子龙、华强北免费钢琴、桂庙拆迁等新闻热点。《元故事》作者团队，以文化动态为切入点，在文中解释事件的来龙去脉，透露其与城市的紧密关系。

例如，在《华强北的琴声》（罗婉，2022）一文中，作者采访街道办工作人员、"钢琴爷爷"陈云昌、装修师傅王齐和等，翔实讲述了钢琴的设计和传播故事。该文说明，华强北免费钢琴是开放、包容、兼容的城市文化的表征，而深圳华强北这一特殊区域，则承载和彰显了城市文化的这一特点。

> 可能华强北也不会想到有这么一天，几架钢琴能迅速在这里扎根、发芽，与往来电动车的喇叭声、货物拖车尖锐的拖曳声、商铺里的广告声、疫情防控的播报声共生共存。
>
> ——罗婉《华强北的琴声》

2. 厘清文化概念，揭示城市发展的复杂内涵

与小说的精神类似，非虚构精神是一种呈现世界的多样性和复杂性，让人们产生触动和思索的精神（卫毅，2018）。就《元故事》而言，这种复杂性的呈现，至少体现在对深圳文化符号的追踪溯源方面，包括"鹏城""文化沙漠""深圳速度""时间就是金钱，效率就是生命"等，以概念史方法对其进行考据，解释城市发展所产生的各种符号、话语的复杂内涵，从而丰富读者对深圳文化的认识。

例如，在《鹏城，鹏程》（尹昌龙，2023b）一文中，作者开篇提出"鹏城"之名从何而来、因何得名、有何寓意的问题。随后，作者从《说文解字》《逍遥游》等典籍中求索"鹏"字的含义和意指，从深圳地区两个海湾、两个半岛的地形中追寻"鹏城"的命名起因，推论至作为海防要塞的南头古城，以及"鹏北海"祝福语和深圳在概念上的联系——即"大鹏精神"。该文从"鹏城"一词的起源出发，讲述了深圳有理想之城、未来之城的文化寓意。又如《"文化沙漠"编年纪事（1979~1990）》（胡洪侠，2023）一文，"文化沙漠"在某种程度上成为大湾区城市共同的"文化符

号"，作者沿此线索，以深圳报业集团数据库为采样资源，发掘"文化沙漠"的传播故事及其对深圳的影响。此外，《深大建校往事》（张琦，2022a）一文讲述了深圳大学的建校史，其不仅是高校建设的奇迹，更是"深圳速度"一词更早的出处和由来。

> 神鸟大鹏的旅行，目的地就是天池，就是南海之滨，梧桐山下的深圳。鹏程因此而使得鹏城成为应许之地，理想之城。
>
> 如果讲个比喻的话，改革开放的国策就是海运，就是大风，而深圳就是那只趁着海运腾空而起，扶摇直上的大鹏鸟，翱翔在辽阔的海天之间。
>
> ——尹昌龙《鹏城，鹏程》
>
> 第一批指责或担心深圳成为"文化沙漠"的人，实际上是在"政治批判"意义上将当年送给香港的"文化沙漠"帽子直接拿来扔给了深圳。"文化沙漠北移"？移动的不是"文化沙漠"，而是"文化沙漠"帽子。
>
> ——胡洪侠《"文化沙漠"编年纪事（1979~1990）》

3. 深究城市历史，展现鲜为人知的时代细节

《元故事》对深圳文化的讲述，除了城市的建设发展现状之外，也对历史细节进行再现和深描（格尔茨，2014），展示不同时段，尤其是深圳经济特区建立之前的场景，揭示深圳城市文化背后更为厚重的历史因素，使读者感受到足以穿越时间的文化沉淀。

深圳经济特区建立前，深圳培育和生长着具有丰富面向和旺盛生命力的文化景观。在《深圳光影穿越百年》（谢晨星，2023）一文中，作者讲述了《影像-历史-城市：1891年以来深圳的变迁与重塑》一书的创作历程及其所反映的城市形象。又如，在《发现东山村》（王子键，2022）一文中，作者以《最后的"珍珠"：深圳大鹏东山村调查》一书发布为切入点，回顾了大鹏新区东山村的兴衰历史、民众生活及文化特色，讲述了一个深圳古村落

在时间长河中延续和跌宕，在经济特区建立后重获新生的故事，为读者展示了深圳城市史中，自古蕴含并绵延至今的古村文化。

> 　　陈东说：深圳的历史是一种跨区域、跨文化并行，充满活力和具实验精神的动态史。正是这种地域空间的全球化重叠和文化创意上的兼容并蓄，造就了深圳在过去百年历史中极为丰富、多元和令人瞩目的经济及文化成就。
>
> 　　　　　　　　　　　　——谢晨星《深圳光影穿越百年》
>
> 　　史料记载，位于深圳大鹏的东山村，明朝末期即有人群居住，是名副其实的老村。这里有香火旺盛的天后古庙，有曾经影响远近的东山码头和东山珍珠场，还有保存完好的几栋清代建筑。听起来，这里跟我们熟知的"卷都"深圳，有着不小差别。
>
> 　　对于不断产生各种奇迹的深圳，东山村有着另一种"奇迹"：至今延续着古老的码头文化，出海打鱼仍是不少村民维持生计的方式，依然在传承的东山渔歌，仍与村民生活息息相关。
>
> 　　　　　　　　　　　　　　——王子键《发现东山村》

4. 聚焦典型人物，挖掘人与城市的深厚关系

"他们当中有大学教授，有歌曲作者，有设计师，有马拉松跑者……他们和我们一样，是平凡的深圳人；他们身上演绎的，是不平凡的深圳故事。"（《晶报》元故事报道团队，2023）非虚构作品关注个体命运，还原典型人物的日常生活，为读者提供情感和思想观念的体验和启蒙。《元故事》的人物写作，意在从城市话语方面阐释文化，以人物的经历和命运，展示深圳本身的价值。

第一，突出普通人物的"深圳精神"和文化品格。"新时代深圳精神"被概括为十六个字："敢闯敢试、开放包容、务实尚法、追求卓越"。对于深圳城市文化传播，主流媒体要以深圳城市精神体系为城市文化对外传播的核心层，讲述兼具趣味性和高价值性的真正好故事。《晶报》发掘了网约车

司机艾祥华、深圳市公益救援志愿者联合会会长石欣、音乐爱好者老崔、光明"余记"余阿姨、古籍收藏者梁家民、"皮影"传承人罗雯婧、咖啡店店主夏丹荔等深圳普通人的《元故事》。

经过《晶报》作者的叙述，越来越多的深圳普通人走到了聚光灯下。他们善良温情、开放进取、敢于创新的精神品格，成为讲述和弘扬"新时代深圳精神"的有机构成。例如，网约车司机艾祥华，营运 6 年，每日免单至少半小时，累计为乘客免除车费近 3000 单，他说，"做这些只因为他'见不得人间疾苦'，希望为深圳带来一份善意和温度"（胡文、马骥远，2023）；深圳市公益救援志愿者联合会会长石欣，"从普通山友到专业救援队员，这一路上，他保持理性、敬畏自然，也时刻做好准备，'把好事做好'"（徐黛茜、王子键，2023）；"深二代"夏丹荔，环游各国、辞职支教、开咖啡馆，"把长长的许愿清单变成自己丰富的履历"，"把世界当作自己舞台"（余梓宏，2023）。

第二，强调城市和城市文化对人物的特殊影响。"每个人都不是孤单的，其生命轨迹中都穿插着一些公共事件的痕迹，他们的故事都具有一定的公共性和社会性。"（严飞，2021）非虚构写作注重以典型人物和事件，推演或指向具有普遍意义的社会议题。《晶报》对知名人物的《元故事》写作，强调人物生命经验所具备的公共性中的城市因素。实际上，唯有将个人问题与公共生活相结合，才能解释前者的人性意涵——而这是非虚构精神的核心之一。

20 世纪 80 年代，王子武举家移居深圳，发展经济特区美术事业，是经济特区早期艺术文化事业的奠基人之一。在《深圳：最懂王子武的城市》（谢晨星，2022）一文中，作者不仅讲述了王子武其人其作对深圳城市文化的建设性作用，并且，以"一座城与一位艺术家的互相塑造"为小标题，提到深圳对王子武生活和创作的影响。

　　王子武先生在深圳的生活状态，至少表明了两点。一是深圳这个地方容纳得了纯粹的艺术家。王子武先生在深圳的生活历程，使得无论带着多么严重的偏见的人评价深圳文化在全国文化格局中的地位时，都不得不表现出一点客气……

——谢晨星《深圳：最懂王子武的城市》

5.关注城市空间，展示城市文化的基础设施

陈伟新在《深圳的崛起，一部现代城市的空间生产史》一文中提出，深圳是具有空间生产特征的典范城市。从蛇口实验、"华强北"、深圳科技工业园到福田中心区规划，再到深汕合作区建设、高新区扩区、前海扩容等，深圳的发展特征之一是城市空间的快速成长。同样，空间的起源、演变、现状和意义，与城市文化的内涵和导向都密切相关。《元故事》不断探索非虚构写作的"空间叙事"，从自然、人文两个方面，展示城市文化的"基础设施"。

第一，关注城市内部自然区域的文化脉络和发展现状。2023年1月起，《元故事》的《深城记》特别策划栏目，推出以八卦岭、园岭、观澜、沙头角、赤湾、白石洲、巴登街、西贡村、壆岗村、罗湖桥、老东门等为主题的一系列文章，记录承载着种种历史和文化往事、塑造了经济特区人民精神观念的城市空间。例如，在《啊，八卦岭》（胡野秋，2023）一文中，作者回忆了八卦岭的高光时刻，"最先是国内印刷书刊业的龙兴之地，后来成为电子厂和汽车业的旺盛之乡，再后来华丽转身为服装时尚之市"。在《此心安处是园岭》（尹昌龙，2023a）一文中，作者讲到了早些年在园岭的"大家乐"舞台。"来唱歌的大都是打工的异乡人，在这样的夜晚，歌声可能是给自己最好的慰藉……""值得注意的是，围观的人却一律友善，'唱得好的给掌声，唱得不好的给笑声'"，现场的包容与温暖，直到今天仍令人感怀。

第二，关注书店、剧院、音乐厅等文化场所对市民和城市的意义。除了自然区域外，《晶报》的《元故事》栏目同样关注文化产业和公共文化服务建设中，所涌现的具有代表性的文化场所，包括深圳博雅画廊、深圳博物馆、深圳书城、深圳大学丽湖校区中央图书馆、大鹏半岛海洋图书馆、觅书店、旧天堂书店、君阅籍古旧书店等。《元故事》作者认识到，文化场所对市民和城市的意义，不只是具有生产文化内容的功能，也包括作为城市空间，可以集聚社交群体、推进信息流动、培育文化符号、形成媒介仪式等。这一思路是《元故事》在城市文化"基础设施"相关选题中，开展"空间叙事"的初步依据。例如，《"时空胶囊"博物馆》（谢晨星，2022）一文开头写到的"三点连一线"，作者在深南中路上由东向西行驶，先是经过巨幅"邓小平画像"，向前200米看到深圳博物馆门口的"闯"雕像，再向前200米是市委大院门外花坛的"孺子牛"雕像。"这短短半公里的道路，3座艺术地标，深圳的城市精神和历史使命已悉数展现。"

（二）生产行为

1. 储存和构建城市文化的新记忆

扬·阿斯曼论及"文化记忆"时认为，"每一个社会的每一个时代都存在一整套特有的，可反复使用的文本、图像与仪式，对它们的'培育'有助于表达和稳固该社会的自我形象"（Assmann and Czaplicka，1995）。《元故事》的生产实践，一是以新叙事为城市文化提供新史料，二是作为媒介记忆，超越新闻文本，建构和介入城市文化记忆。

第一，作为历史档案，储存城市文化记忆。媒体能够以各种叙事方式，"重访"和"再现"过去。区别于一般性的文化新闻报道，《元故事》的沉浸式采写方式，能够挖掘和整理更多历史细节，使新闻文本成为城市历史档案的组成部分。在前期准备阶段，《元故事》作者需要深度的文献阅读和城市调研。若是与城市史相关的选题，至少要涉及对史料的甄别分析。若是其他选题，作者也需先分析综合现有的文献，再去和采访对象对话。《枪与玫瑰》的作者用一个多月时间，一头扎在历史资料之中，前往绮云书室与西乡小学郑毓秀的"学妹"们聊天。该文丰富了读者对郑毓秀传奇人生的基本认识，成为了解、研究郑毓秀的新依据（马骥远，2022）。

第二，超越新闻文本，构建城市文化记忆。"在现代社会中，大众媒体——特别是新闻——无疑是启动、制约、更新、改写人们的记忆的最重要的社会框架之一。"（李红涛、黄顺铭，2015）事实上，从媒介记忆（邵鹏，2016）理论看，新闻生产可被视为"记忆实践"。《元故事》不仅能够作为文本，为城市文化新增历史档案，而且沉浸式、非虚构的生产过程，能够牵动和触发读者、采访对象与作者等各方的情感和思想，即介入和建构深圳文化集体记忆。例如，《"东方亮了"》一文的作者记录了采访对象关钟玲的感受，"那次的采访，也勾起了她对深圳的思念……却在既熟悉又陌生的街头感慨深圳的变化巨大"（林菲，2023）。《茅洲河"回来"了》一文的采访对象——纪录片《深圳有条茅洲河》总撰稿人及主创人之一赵川回忆，"作家的书写、媒体的报道，唤醒了沿岸市民关于河流沉睡的记忆，替普通群众表达了他们对这条河流难言的爱"（赵川，2023）。

2. 创造城市文化生态的新关系

《晶报》的新闻生产实践，遵循都市报传统新闻编辑部的一般流程。其非虚构写作转型，带动选题思路、叙事方法、文本风格、报纸版面的创新。由此，《元故事》作为中介，建立了文化生产者、传播者、受众和城市文化之间的新关系。

首先，采访对象和读者、作者共享城市文化生活。就《元故事》的选题来讲，第一，邀请深圳文化界知名人士参与《元故事》生产。例如，推出《深城记》策划后，尹昌龙、胡野秋等按一定周期，在规定的选题范围内撰稿。《元故事》为其与大众读者就城市文化主题进行沟通提供了渠道。第二，走进对方生活、工作的场景，是寻找意料之外"宝藏"的秘笈（段凤英，2022）。在前期准备阶段，作者一般要与采访对象进行深度密切地交流，甚至是进行短期的共同生活。例如，《诗与洞背村》（张琦，2022b）一文的作者，前往大鹏新区洞背村、坪山仔村，与黄灿然的邻居、朋友及本人共同度过两三日，观察和感受日常生活。第三，《元故事》推出后，成为读者和采访对象建立关系的桥梁。例如，《和古籍一起新生》发表后的第二天，"马上就有书友看到报道后，专门从宝安跑到龙岗的君阅古籍书店来参观并表达支持"（余梓宏，2022）。因此，经由《元故事》生产，作者带动自我和读者，进入采访对象的现实生活和精神世界。而这样的生活，既是崭新的，也是文化的，可能调整、改变市民对自我、对深圳城市文化的认识。

其次，报纸产品成为城市文化传播中的关键一环。《元故事》《聚光灯》《观文脉》三项内容产品的推出，改变了《晶报》作为一张新闻纸的固有形象。尤其是每一期《元故事》，从几乎占据整个头版的绘画便开始被讲起。然后，翻过《聚光灯》栏目，再是两个整版。这一独特的版面设计，不仅是一般意义上的"改版"，同时，也发掘和提升了报纸作为媒体产品的艺术价值。在 2022 年 7 月 22 日至 24 日举行的第三届江苏（南京）版权贸易博览会上，展出了《晶报》的头版版面《元故事丨深圳脱口秀往事》。《老崔和他的音乐故事》一文的主角老崔，将当期报纸作为艺术展品："报道占了3 个版面，我们也把它放在展厅醒目的位置，很多朋友会认真去看，我想是因为那份真实。"（张羽淳，2023a）旧天堂书店将《逆流而上》一期的《晶报》头版，放置于书店入口处，将其重新创作成为导览图示。因《元故事》而制作的报纸产品，经由采访对象等主体的转化，具备了非新闻纸的属性，嵌入城市文化的传播中。

3. 激发城市文化"阅读"新体验

数字技术条件下，《元故事》的全媒体生产，除对报纸产品的革新之外，也包括对一系列可视化产品的制作。从受众视角看，《元故事》的多种传播方式，使故事的讲述虚实融合、时空交叠，从而使读者获得了对城市文化的新体验。

第一，体验新的故事呈现方式。正如前文所述，《晶报》团队选取图文故事的精华，将其转化为短视频、海报和"金句"，并在《晶报》客户端《元故事》专题置顶发布。这一系列呈现一方面，适应一部分年轻读者的阅读习惯；另一方面，是对《元故事》文本的再度讲述，从平面到立体，从静态到动态，从而使读者加深对故事的印象和理解。例如，就《枪与玫瑰》一文，推出《深圳走出的最传奇女人　中国首位女博士是刺客丨元故事视频》；就《水下的舞者》一文，推出《水下舞蹈爆火，主创却说很遗憾：大都不知是深圳创造丨元故事视频》等。

第二，体验新的故事讲述视角。为开拓《元故事》的垂直平台，进一步提高传播力和品牌影响力，《晶报》注册了《元故事》微信公众号和视频号。作为《晶报》"全员视频化"的转型策略之一，2023 年 3 月起，《元故事》视频号开始独立推送视频作品。区别于此前的短视频，视频号的思路为：《晶报》总编辑"亲自下场"，以其个人视角，通过独白、对话、介入对象日常等场景，再度讲述已报道过的《元故事》。

此外，2022 年 5 月，在全球掀起 NFT 热潮之际，《晶报》探索研发"元创意数字藏品"，将创刊以来的 9 幅原创精品版面集中首发。其中，包括《元故事丨深圳脱口秀往事》的当期头版绘画。

（三）媒体运作

1. 创造城市文化的新叙事

"除了教育体系外，新闻媒体就是社会中最重要的文化系统，协助阅/听众透过戏剧性和仪式性的故事了解周遭社区与生活世界。"（Assmann and Czaplicka，1995）非虚构写作为新闻生产提供的，并不只是一种新的选题角度和文体风格，而是新闻记者在 5W 的客观性叙事之外，如何在"脆弱并富有争议性的世界中寻找文化意义"（罗以澄、胡亚平，2004）。意图"撑开文化定义边界"的《元故事》栏目，即在做这样的城市传播探索。

第一，改变"深圳故事"的宏大叙事。《元故事》作为内容产品，关注个体尤其是深圳普通人的日常生活和情感，进而落脚在整体的文化观念、人与城市文化的互动方面。由此，在采访过程中，更为注重采访对象的个人经验，通过其主动言说铺开对故事的讲述，以读者的情感共鸣实现对城市及城市文化的理解；在文本写作中，往往使用第一人称、场景化等手段。与"深圳故事"原本的叙事理念相区别，《元故事》为本地读者展示了深圳城市文化的另一种面貌，即作为个人的、情感的、意义上的城市文化。

第二，提出深圳城市文化的新符号。深圳是一座观念上的城市。数十年来，对深圳文化观念的回顾、发起、讨论和传播，与大众传媒密切相关，例如"设计之都""深圳十大观念"（刘依一、庄向阳，2021）等。《晶报》

《元故事》已开启这一方面的新实验。2022 年 11 月，《晶报》与深圳市盐田区合作，提出"海系阅读"新主张，从观念上重新阐释盐田区与海相接、因海而兴、以海为师的阅读文化实践。双方共同推出了"海系阅读"的概念、倡议和标识，并发表了以《"海系阅读"!》为题的《元故事》。

2. 推动城市文化的新实践

长期以来，深圳高度重视文化创新，形成颇具影响力的"文化+"发展模式，例如"文化+科技""文化+创意""文化+金融"等。《晶报》所界定的"文化+"，即以文化为内容生产的方法、道路和视野。其"文化+媒介"的行动之一，是基于媒体的大众传播特质，主导和参与深圳文化创意活动，推动城市文化生产的新实践。

第一，设立"深港书评交通站"。"交通"与"传播"，是城市信息系统中两个互相独立又不可分割的面向。2022 年 7 月，《晶报》联合中华商务贸易公司打造第一个"深港书评交通站"，顺势提出"书山有路"的全民阅读活动线路。"深港书评交通站"位于莲花山和笔架山连廊之间的联合书店，其属性是读者交流沟通的阅读空间。首批图书由本城作家、诗人及深港两地的出版人、媒体人带来，展现了独具创意的城市文化。这一实践以书为核心，将具备符号意义的实体空间转化为城市文化传播的中介。

第二，举办"深圳之夜"。"深圳之夜"，是《晶报》联合觅书店及其他城市主流媒体主办的粤港澳大湾区城际文化交流活动，包括在粤港澳大湾区举办 10 场城市演讲分享会，并于 2023 年末在深圳举办 1 场跨年演讲大会。"'深圳之夜'是我们重新寻找深圳故事新讲法的一种尝试，我们要用'深圳之夜'作为故事的框架来安放这些深圳故事"。（张羽淳，2023b）所谓"新讲法"，一是介质由媒体转为城市，选择全球范围内具有代表性的文化人士，在湾区各城市空间讲述深圳故事；二是认知由城市进入"城际"，在城际关系中理解深圳城市文化的独特性。

可以认为，在"深圳之夜"中，城市本身成为讲述深圳故事的"版面"。理解作为"头版"的深圳，则在翻阅"城市之报"中进行。

四　结语

数字技术的崛起，增强了城市文化产业、公共文化服务的媒介性，也改变了传播机构在传播格局中原本的角色和定位。面对传播生态的这一深刻变迁，有研究指出，"作为'意义媒体'的报纸优势尽显"（李良荣、袁鸣徽，2017b）。以本章所研究的《晶报》的《元故事》栏目为例，一是文本内容，其以非虚构写作特征，为深圳城市文化的动态、概念、历史、人物和空间等提供新的记录和阐释；二是生产行为，《元故事》的沉浸式采写，包含文献搜集、深度访谈、撰稿发布及读者互动等，对更新城市文化记忆、社会关系和读者体验起到关键性影响。《元故事》的生产，一方面处在城市运作和变迁的场域之中，另一方面也创造了城市文化新的叙事方式。

新媒介视野下，主流媒体由信息提供者转变为文化构建者，能够以新的社会角色推动国际传播工作。《晶报》的《元故事》栏目提供的启示是，以城市叙事的故事化转型为切口，介入深圳城市形象全球传播实践的运作中。正如《晶报》编辑部文章所言，《晶报》"大文化"转型，"不只是内容生产的转型，也包括经营模式、生产方式乃至整个队形的转变，是一次全流程再造，是一次崭新的出发"（李跃，2023）。本章所指的《元故事》生产，即该媒体在"大文化"转型思路下，以《元故事》产品为牵引的一系列创新性、网络化的城市文化实践。

第六章

深圳城市音乐文化全球传播的
条件、路径和启示

2023 年 11 月 8 日，深圳国际创新中心举办了歌曲《向海而生》的全球上线分享发布会。歌曲由陈楚生演唱，创作背景是 2022 年 11 月，深圳设立全球首个"国际红树林中心"。歌曲结合了深圳推进"绿美广东"建设的主题，展现深圳的人文魅力。上线首周全网热度破 5 亿，仅#陈楚生新歌向海而生#话题的微博阅读量就达 3018.1 万人次，居热搜榜第 31 位，居文娱榜第 26 位。网易云音乐发布的《2022 年华语乐坛趋势报告》显示，2020 年至 2021 年上半年，《烟袋斜街》《囍》等作品走红海外，《一剪梅》的短视频甚至在挪威、新西兰等国登上榜首。这一社会现象为国际传播工作提供了新思路。

古往今来，高质量的文艺作品，例如文学、诗歌、音乐、戏剧等，因其打破社会边界、抚慰心灵的情感化特质，能够感染不同的受众群体，具有相当独特的传播力和影响力。数字媒介时代，高质量文艺作品能够实现全球范围内的线上传播和虚拟传播，文本、主题和话语与全球文化场域相连接。例如，《北京北京》《成都》《漠河舞厅》等带有鲜明城市文化标签的音乐作品，助推了城市形象的生成和传播，是城市国际传播工作不可或缺的文化力量。

那么，为什么音乐作品总会成为城市传播的文化载体？按人文地理学者的说法，声音同图像一样，也是记录城市历史和文化的感觉符号。"尤其是富含历史、文化、区域、地理属性的声音"，"会勾连起个体的主观经历、过去历史以及其他社会文化因素，使得声音与特定地理空间产生某种文化关联"（刘爱利等，2014）。音乐是声音的一种形式，除了现有研究强调的音乐作品的文本属性之外，是否有其他原因和要素能够使得音乐和地理空间产生文化联系？

实际上，从《春天的故事》到《深南大道》，深圳一贯有着吟唱的传统，深圳也是中国流行音乐文化的重要坐标。深圳"一带一路"国际音乐季自2017年创设，已发展成为具有国际影响力的音乐文化活动。声音作为媒介，是深圳经济特区形象塑造和国际传播工作开展的重要方式。为什么音乐和深圳产生了这样的碰撞？新时代的深圳是如何将城市音乐文化作为城市形象全球传播路径的？对中国国际传播工作有何启示？

20世纪伊始，声音技术的发展与普及不仅为艺术、音乐创作与音乐产业带来质变，也深刻改变了日常生活、都市文化、审美体验等（王婧，2023）。本章在新媒介视野下，梳理深圳城市音乐文化全球传播的现状和路径，结合声音研究的相关理论提出深圳音乐实践对中国国际传播工作的启示。

一　深圳城市音乐文化全球传播的条件和优势

（一）毗邻港澳的地理位置

"城市音乐文化是在城市这个特定的地域、社会和经济范围内发生的，是人们将精神、思想和感情物化的声音载体。"（洛秦，2003）地理位置和文化特征的生成紧密相关。深圳地处岭南、毗邻港澳的独特位置，为通畅便捷的商业贸易、跨文化传播提供了条件。尤其是香港的产业转移、文化输入和人员往来等，为音乐文化交流提供了空间。

例如，从历史来看，深圳流行音乐曾是中国流行音乐的重要版图。以歌舞厅这一空间为例，20世纪90年代初，深圳歌舞厅培养了一大批知名歌手。作为流行文化音乐创作和传播的媒介，其产生条件之一即深圳的地理位置。有研究指出，与广州音乐茶座坐落于星级宾馆不同，深圳音乐茶座、歌舞厅坐落的公共空间最初在度假村，其中1984年完成第一期建设的香蜜湖水库度假村是引进香港资金合资经营，接待香港入境的外国游客的社会文化产物。在该度假村内设置的"的士高"舞厅，最初营业对象主要是港澳旅客，港台及外国流行音乐是该舞厅的主流，甚至有香港歌星到深圳音乐茶座、歌舞厅演出。当音乐茶座、歌舞厅走出度假村时，更广泛类型的流行音乐就会走进这一公共空间。

（二）与音乐文化相契合的城市文化特质

作为移民社会、改革开放试验田和新兴的年轻城市，深圳在城市化进程中形成了开放、包容、创新、多元的城市文化特质。具体而言，改革开放政策和移民群体及港澳、外国商人的到来，使深圳城市音乐文化受到香港音乐文化和西方音乐文化的共同影响，形成以西方艺术音乐、流行音乐为主的格局。

例如，曾被誉为"改革开放以来中国群众音乐文化活动的发展方向"的"大家乐"舞台，1986年初，就在深圳市青少年活动中心的主办下诞生。来到深圳的大批青年建设者，以自由的舞台形式满足精神文化需求，并迅速融入城市生活。历经长期演变，"大家乐"舞台形成自愿、自荐、自费，以通俗歌曲为主的活动模式，这相当有利于移民群体的音乐创作。随着政府的加大支持和创作者专业水准的提升，早期音乐创作者走出"大家乐"舞台。

而且，作为改革开放的先锋之城，创新精神嵌入深圳的城市内核，培养了融洽、良性和勇于突破的音乐文化场域。20世纪末，随着"大家乐"舞台的早期创作者走进更广阔的城市空间，深圳原创音乐文化迅速发展，与之匹配的原创音乐运行机制随之诞生。深圳作为全国首批9个文化体制改革综合性试点地区之一，切实创新转变政府文化管理职能，通过专项资金扶持本土音乐创作型人才和音乐文化企业，激发音乐创作的更大活力。

（三）文化产业政策和产业实力的支持

自经济特区建立以来，深圳就制定了关于文化繁荣发展的战略方针，采取了一系列促进文化发展的政策措施。尤其是 2003 年深圳提出"文化立市"后，文化建设被摆在城市发展的中心位置。2014 年，深圳受到联合国《经济、社会及文化权利国际公约》的启发，提出将市民文化的实现程度作为实现民生文化福利的出发点和落脚点。深圳大力推动公共文化服务体系建设，一系列全球性音乐文化活动在深圳举办。

此外，深圳经济实力和文化产业实力的崛起，不仅推动了音乐文化设施、音乐空间的发展，还推动了音乐活动的高质量、多元化和规范化发展，从而满足了市民不同层面的文化需求。例如，深圳音乐厅的"美丽星期天"等，一度是具有城市代表性的文化品牌，成为城市文化的重要构成。深圳"一带一路"国际音乐季作为"两金"资助的重要项目，推动了深圳音乐文化的全球传播。

二　深圳城市音乐文化全球传播的现有路径

四十多年来，深圳积累了发展城市音乐文化的经验，流行音乐和现代电子音乐独树一帜，音乐文化产业和音乐公共服务形成一定规模，国际性音乐活动渐成体系，这不仅是经济特区文化建设的成果，也为城市形象全球传播提供了更为丰富多元的文化类型。

众所周知，音乐作为一种声音文化，在国际传播工作中具有特殊性。一方面，区别于口语、文字，音乐能够突破不同国家和地区的语言、地理等隔膜，被称为"无国界"的世界语言；另一方面，音乐可以作为"精心构建对外话语体系"的重要媒介，推动中国文化传播创新。因此，在中国城市形象全球传播实践中，用音乐作为媒介坚定文化自信、讲述中国故事、传播中华文化，具有必要性和迫切性。

本部分先梳理深圳城市音乐文化全球传播的现有路径，在下一部分结合声音研究等理论，分析深圳的音乐传播实践对中国城市形象全球传播的启示。

（一）城市音乐文化品牌建设中融入音乐元素

文化品牌是城市的标识和名片，是城市传播的一种手段。深圳与音乐有关的文化品牌建设分为三个方面，一是打造本地音乐文化品牌，以高质量、国际化、现代化的音乐服务丰富本地民众的精神文化生活；二是打造融入音乐文化的国际形象推广品牌，将音乐文化作为实现城市形象全球传播的重要元素；三是策划深圳"一带一路"国际音乐季等全球性活动。

第一，打造本地音乐文化品牌。近年来，深圳市音乐家协会打造出"深圳十月音乐汇""深圳合唱四季风""阳台山全国实景山歌大赛""鹏城歌飞扬"等音乐文化品牌，推出一系列的文艺活动。一是挖掘和培育深圳本地的优秀原创歌曲，作为"深圳十月音乐汇"的压轴戏，原创歌曲演唱会成为挖掘和培育深圳优秀歌曲的重要平台。二是推动不同类型音乐文化在城市内部基层传播，实现音乐文化的普及。"深圳合唱四季风"系列专场音乐会走进社区、企业及学校，不断满足市民的精神文化需求。深圳市音乐家协会举办的"阳台山全国实景山歌大赛"等活动，能够有力地推动山歌文化、客家文化等中华优秀传统文化的传承与发展。

第二，打造融入音乐文化的国际形象推广品牌。深圳政府早在 2012 年就聘请国际钢琴明星郎朗作为"深圳国际形象大使"，为此深圳制定了一系列海外形象推广的国际传播计划，打造"聆听深圳：郎朗和他的城市"这一国际形象推广品牌。郎朗青春、创新、阳光、励志的形象，与深圳向世界传播的城市形象——先锋、青春的创新创意之都相契合。深圳通过音乐这一跨越国界、跨越交流障碍的全球性语言，创新城市营销方式，呈现深圳的活力、魅力、动力与创新力，促成深圳国际交流合作的务实项目（刘晓玲，2023）。

第三，策划深圳"一带一路"国际音乐季等全球性活动。作为国家级品牌活动，深圳"一带一路"国际音乐季自 2017 年创设以来，以"联接中外、沟通世界"为主题，已成功举办多届，共邀请到来自俄罗斯、立陶宛、伊朗、德国、奥地利、意大利等 60 多个国家和地区 58 个优秀团组的约 2500 位世界优秀艺术家，共计带来 72 场精彩演出及相关艺术延伸活动。2023 年，深圳"一带一路"国际音乐季回归，纳入古典与流行、东方与西方、传统与新锐等不同类型的优秀音乐作品，集中向海内外展示中华优秀传统文化。此外，深圳国际钢琴协奏曲音乐周作为在全国乃至世界具有影响力的音乐文化活动，与"深圳钢琴公开赛""深圳钢琴音乐季"等活动互为补充，构成了深圳建设"钢琴之城"的品牌体系。

（二）推动现代音乐形式和中华优秀传统文化的融合传播

2023 年 10 月 8 日，习近平总书记对宣传思想文化工作作出重要指示："着力赓续中华文脉、推动中华优秀传统文化创造性转化和创新性发展。"王春法（2023）在《担负起记录展示中华民族现代文明的时代重任》一文中提出，实现"创造性转化和创新性发展"需要利用先进技术和时代艺术语言，让古老技艺走向更广阔的舞台。深圳文化生产和传播的一个特点即发挥优势，勇于创新，以新的话语体系、技术渠道和现代媒介再度传播中华优秀传统文化。例如，舞剧《咏春》将咏春拳、香云纱、镬耳楼、七十二家房客等极具岭南风情的文化元素，通过舞剧的新形式实现全球推广，引发各地观众的共情共感。

深圳交响乐团组织创作的《神州和乐》《交响山歌·客家新韵》《人文颂》等民族交响乐作品，体现了将传统内容和现代媒介相结合的制作和传播实践。《神州和乐》将中国佛教文化与西方交响乐相结合，创造性地运用西方交响音乐的形式，向世界阐释中华文化中源远流长的"和"的人文关怀。《交响山歌·客家新韵》首次把客家山歌原生态唱法引入交响乐，以当代作曲技术和交响乐语言打造了一部优美抒情的当代交响合唱巨著。《人文颂》分为"仁、义、礼、智、信"五个乐章，力图以交响音乐的表现手法，对儒家人文思想进行富有时代性和开拓性的诠释，已由联合国教科文组织向全世界特别推荐。

（三）引进国际一流演出，培育音乐文化的国际素养

如上文所述，早在经济特区成立之初，由于毗邻港澳的地理位置和改革开放的政策条件，深圳就通过音乐茶座、歌舞厅等演出空间，首次引入香港和欧美的现代音乐文化，培育了早期的本地原创流行歌手。随着"文化立市"和音乐文化的重要性日益凸显，深圳通过公共文化建设，引进国际一流音乐演出，不断提升本地市民的音乐文化素养。

除了音乐茶座、歌舞厅对流行音乐的引入，经济特区成立之初，深圳大剧院几乎承担了所有来自世界各地的优秀艺术表演团体在深圳的演出活动。其中包括澳大利亚昆士兰交响乐团、英国现代舞团、世界明星芭蕾舞团、意大利国际交响乐团等。深圳音乐厅也以国际化标准邀请了诸多海内外著名音乐家和音乐团体，如祖宾·梅塔、郎朗、谭盾、柏林爱乐乐团、维也纳爱乐乐团等。

深圳注重提升本地乐团和本地音乐演出的国际化水准。成立于 2011 年的深圳大剧院爱乐乐团，定期举办普及音乐会，选择经典音乐作品（从巴洛克时期的作品到现代音乐作品）进行演出。深圳交响乐团从 1999 年开始采取"音乐季"的方式，邀请国内外知名音乐家创作优秀曲目，例如瓦格纳、布鲁克纳、马勒、理查·施特劳斯等。

2023 年，深圳首次举办了持续两个多月的"'吾城吾歌'民谣之夜"，在这场旨在塑造深圳民谣品牌的歌会中，除了中国民谣佳作，还有不少国际经典，例如 *Take Me Home*，*Country Road*、《布里亚特舞曲》等作品，深圳丝路新语艺术团中来自捷克、英国等国家的歌手参与演出。深圳将国际化基因融入城市音乐文化的流变中。

（四）在国外举办和参与音乐类节庆、演出和赛事

深圳不仅仅致力于引进国际一流演出，同时更加专注于开拓国际市场，通过在国外举办音乐类节庆、演出，参与音乐类赛事，将包含中华优秀传统文化基因的音乐作品带到全球各地，推动深圳城市音乐文化的全球传播。

例如，2015 年，深圳大剧院爱乐乐团受德国"欧洲之桥"音乐节邀请，前往德国和捷克演出；2018 年，受"阿尔及尔国际交响音乐节"邀请，赴阿尔及利亚首都阿尔及尔参加第十届"阿尔及尔国际交响音乐节"等。在新冠疫情暴发前，深圳交响乐团每年都会开展海外巡演，用原创作品向世界讲好中国故事。例如，2019 年，深圳交响乐团把《我的祖国》作为欧洲巡演的主要推介曲目。2024 年，深圳交响乐团完成首次英国巡演，这是中国乐团第一次在专业的国际化市场运作下，被大规模纳入英国八大主流剧院音乐季，巡演得到中英双方媒体的大力关注，使英国观众更加了解来自深圳的美妙声音。

（五）利用 EyeShenzhen 等新媒体推动音乐全球传播

以社交媒体为代表的新媒体，是城市形象全球传播的核心渠道。深圳已经构建和完善了以国际传播为导向的新媒体系统。其中，EyeShenzhen 致力于打造集多语种网站、海外社交媒体矩阵、城市数字形象平台和全球传播使者计划于一体的国际化数字化传播平台。深圳利用新媒体平台的技术特性，发掘深圳本地的外籍音乐人才，推动音乐全球传播。

例如，"深圳全球传播使者计划"精选富有影响力的高端外籍人才，包括企业家、创业者、科学家、知名网络博主、设计师、艺术家等，目前共有约 30 位外籍人士加入该计划。在"iStory 我的深圳故事"分享会环节，来自郎朗音乐世界的两位外籍演奏者以四手联弹的形式表达了他们从城市中获得的音乐灵感。深圳本地的外国居民通过音乐与城市相连接，借助社交媒体的传播力量，这种连接也会扩散至全球，使更多受众通过这种原汁原味的音乐了解深圳。新冠疫情期间，深圳交响乐团在"喜马拉雅"客户端推出"空中音乐会"，建团 40 周年特别企划上线 QQ 音乐，打通了音乐流媒体平台数字化、科技化的传播渠道。

三　深圳城市音乐全球传播的启示：声音研究的视角

深圳城市音乐实践既丰富了城市文化，也为城市形象营造和城市国际传播工作提供了新思路。音乐作为一种跨文化跨地域的传播力量，能够在城市形象全球传播实践中取得特别的位置，和其声音媒介的技术属性有关，即声音区别于文字、影像等媒介的特性。从声音研究领域来看，学界对声音在社会生活中扮演的关键角色的关注，和不同学科的"感官转向""身体转向"有关，即从人类感知角度对视觉中心主义、文本中心主义进行调整，关注声音的技术实践和理论范式。本部分结合声音研究的一些观点，分析深圳城市音乐的创作、培育和传播工作给中国城市形象全球传播实践带来的启示。

（一）声音作为技术：感知城市文化

现有城市传播实践中，视觉中心主义主导城市文化形象、城市意象的生成和接受框架。例如，城市形象宣传手段以报纸、视频影像为主，报纸以文字和图片两种视觉方式为主。在宣传片中陈列城市的重大地标、独特的文化场景等，给大众留下深刻印象。这种印象由固有的物质性视觉空间构成，声音在其中配合影像叙事展开。声音对城市复杂的、细微的且无孔不入的叙事特性，需要被关注。

反过来，从人类感知的角度来看，城市是外部世界的复杂综合体，视觉维度的呈现只是其中一部分，是对城市意象的片面化生成和展示，不足以覆盖从听觉维度能够展开的城市意象。正如厄里指出的，视觉凝视是现代旅行行为中的主导模式，视觉将其他感受排挤在边缘的位置，它不能提供一种沉浸式的体验，因为视觉不能像声音那样带来更为直接和深入的情绪反应。声音作为独特的感知方式，体现着城市文化、城市意象内在的特殊性，不同城市显示出不同的声音特质。

随着对声音的关注，不少城市的形象宣传也开始出现声音维度的设计，比如深圳。从历史角度来看，《春天的故事》构成了国人对早期深圳的一种理解，深圳也具有培育和发展流行音乐的历史，在粤语歌和广东文化的联系之外，开创出独属于深圳的声音，塑造着深圳城市印象。如今，"聆听深圳：郎朗和他的城市"品牌、大英图书馆声音展等，体现出深圳从声音媒介的视角向全球展示城市文化丰富内涵的努力。深圳交响乐团的民族交响乐作品，即通过声音技术实现了对传统文化传播的创新，不仅传递了深圳文化，也讲述了中国故事。

在中国城市形象全球传播实践中，要意识到现有的宏观、宣传叙事，未必仅受传统思维的限制，实际也受媒介技术应用方式的限制。这即是说，以报纸为代表的视觉叙事和以口头/数字媒体为代表的听觉叙事，体现出人类感官的不同延伸，在现实实践中形成不同的叙事方式。新媒介视野下，国际传播机构要注重利用声音、文本的不同技术，尤其是关注城市意象中的声音，更为全面、立体地呈现城市形象，从而促进跨文化传播，推动城市形象全球传播能力提升。

（二）声音作为空间：激活城市记忆

声音不仅是物理意义上的声波振动，而是有其固有的文化含义，总与特定时间、空间内的日常实践、仪式和特定价值观相联系（周叶飞，2018）。其中，城市空间是城市记忆和城市形象的存储和传承地，视觉主义之下，空间由物质性的视觉景观构建，比如一些记载和展示城市历史的展馆，其主要罗列的是文献、照片等，或是城市古建筑、城市地标等，需要人的视觉器官置身于物质环境当中，以唤起城市记忆，呈现城市形象。

城市记忆的激活，一方面，需要利用物质性的城市空间，视觉和听觉并重，尤其是将声音要素纳入空间的陈设和改造之中，将能够发挥记录和承载作用的空间增添声音的维度。实际上随着物质空间和城市文化的发展，一些以声音为源头的空间，已经成为城市记忆的组成部分，例如早期深圳的音乐茶座、歌舞厅和现在的深圳大剧院、深圳音乐厅等。伴随这些空间的使用和体验，深圳城市的历史和当代记忆便以声音的方式被激活。深圳尤为注重空间建设和改造的国际化、现代化标准，例如深圳交响乐团在音乐厅、剧院等地组织的"音乐季"活动，从声音文本、声音空间两个方面推动音乐文化的全球传播。

另一方面，也需注意非物质性的声音空间。在现有的以视觉为主的空间使用状况下，丰富、复杂的声音未必固着于某个物质性的实体，而是分散在城市和自然的每个角落，显示出更为活跃、不确定的流动性。富有流动性、非物质性的声音，其生成和变迁反映了城市运作中的种种隐秘性和细节性的变化。这种流动性是城市形象全球传播实践需要接收和理解的部分。例如经济特区建设初期，由外来移民自发形成的"大家乐"舞台、音乐节现场由乐迷自行营造的表演空间等。

（三）声音作为事件：数字媒介和城市传播

从不同视角理解声音的意义在于，梳理和发现声音在城市形象全球传播中的不同使用方式。如前文所述，声音作为技术，能够延伸和调整人对城市文化的感官认知，这与现有城市形象的一些特征（例如宏大叙事）有关。声音作为空间，具有物质性和非物质性特征，一方面与实体、固定的结构化空间相关，另一方面又流动在城市的各个角落。由此，声音不仅是技术化的文本，声音及其城市传播是一个事件，声音的生产、倾听和特定的历史文化语境、技术平台、地方文化等要素有关。

在这一视角下，数字媒介时代对声音的重要影响，体现在技术平台的剧烈变化方面。从历史来看，留声机、广播、电视等，作为拥有自身逻辑和权力的结构性装置，对自然界中的声音具有多元的存储和播放方式，既能改变声音本身，也能影响人们对声音文本的理解。数字媒介平台区别于传统的声音载体，在传播主体、渠道、动力和用户等方面实现了革新，数字媒介和声音的结合，能够在一定程度上重塑人们对城市形象的认知。深圳利用自主研发的国际化传播平台和海外社交媒体，并开启"深圳全球传播使者计划"等，形成用户围绕城市自组织、生产和传播音乐文本的一种形态，改变了城市音乐传播的整体状态。

中国城市形象全球传播实践，需从事件维度重新理解声音，尤其是需要关注到数字媒介技术是其中的一个要素，并且不同的数字技术都能对声音文本产生微妙、具体的调整。具体而言，要健全文化传播的平台体系，多方面支持和鼓励不同数字技术和声音文本的融合。此外，探索运用国际一流的音乐媒体平台，丰富对海外社交媒体的运用方式，结合大数据、虚拟现实等技术实现声音空间的全球传播。

第七章
县级融媒体中心提升城市形象
全球传播力的坪山实践

数字媒介革命的浪潮中，县级融媒体中心因其连接性、服务性和互动性等优势迅速崛起。2019 年 1 月，中宣部和国家广播电视总局发布《县级融媒体中心建设规范》，要求将县级融媒体中心建设为"开展媒体服务、党建服务、政务服务、公共服务、增值服务等业务的融合媒体平台"。这体现出作为基层新型主流媒体，县级融媒体中心发挥的舆论引导、新闻信息传播和社区服务治理等基本功能。

中国国际传播工作是全域、全局、全面的传播实践，不同层级、地域和机构都具有各自独特的功能和地位。基于我国中央、省、市、县四级媒体为主体架构的传播体系，县级融媒体中心作为服务"最后一公里"的新型主流媒体，实际上也是新媒介视野下国际传播工作的"最后一公里"，是"夯实中国国际传播体系的重要基础"（常凌翀，2024）。2023 年，国内部分市县两级融媒体中心成立国际传播中心，从全媒体传播体系的基层布局国际传播。但在全国范围内，大多数县级融媒体中心未能充分发挥其国际传播作用。有业界观点认为，县级融媒体中心因为过于"基层"，存在技术、人才、体制等"先天缺陷"，不具备也不需要承担国际传播责任。县级融媒体中心固然存在种种困境，但数字媒介革命为主流媒体带来的往往是"危"

"机"共存，关键在于媒体改革创新的思路和行动。

在全球传播实践"地方转向"的整体趋势下，坪山融媒体中心率先实现突破，作为一个新层级嵌入深圳城市形象全球传播网络，是一个具有参考价值的经典案例。本章在新媒介视野下梳理坪山融媒体中心国际传播实践的背景条件和相关举措，分析坪山区提升城市形象全球传播力的创新启示。

一　坪山融媒体中心国际传播工作的背景条件

坪山融媒体中心于 2019 年 11 月 20 日成立，是深圳第二批集中挂牌的融媒体中心之一。坪山融媒体中心的定位是"全国争先、全市领先"的新型主流媒体，致力于打造全新文化品牌，探索建立一条兼具"全球视野"和"坪山特质"的对外传播路径。坪山融媒体中心内设融媒采编部、融媒产品部、综合推广部，实行"专业高效、多元统一"的新型人事管理架构。2020 年后，"坪山发布"推文发布总数及阅读量在深圳市各区均排名第一，在《人民日报》、新华社、央视新闻联播等央媒推出报道百余篇，各级"报网台"报道 5000 余篇。

坪山融媒体中心的国际传播工作成为深圳乃至全国区级融媒体中心的一抹亮色。《坪山国际化城区推广工作行动计划》明确，到 2025 年，全区公共服务国际化水平显著提升，高品质国际文体赛事活动不断引入，城区国际影响力显著增强，营造出开放包容、国际友好型的创新生态圈，在城区国际传播力和影响力建设方面形成"坪山实践"。笔者主要从政策引导、媒体经验和区位优势三个方面阐述坪山融媒体中心参与国际传播工作的背景条件。

（一）国际传播政策和城市化的有力引导

从中央层面看，党和国家历来十分重视国际传播能力建设，特别是党的十八大以来，加快提升国际传播影响力和国际舆论引导力备受中央关注。党的二十大报告提出"增强中华文明传播力影响力"，强调"坚守中华文化立场，提炼展示中华文明的精神标识和文化精髓，加快构建中国话语和中国叙事体系，讲好中国故事、传播好中国声音，展现可信、可爱、可敬的中国形象"。县级融媒体中心作为中国国际传播工作全媒体格局中的重要一环，应该具备承担国际传播工作的政策使命和独特的层级条件。

此外，立足于中国国际传播的前沿阵地和资源集中地，作为粤港澳大湾区核心城市之一的深圳经济特区，在全球传播网络中扮演着越来越重要的枢纽和节点角色。尤其是深圳正处于"双区"建设、"双区"叠加的关键发展阶段，以国际传播为重要组成部分的国际化建设，不仅是城市治理、公共服务和经济发展的必要需求，也是国家和粤港澳大湾区建设发展的要求。

近年来，省市两级政府陆续出台了一系列国际化城市建设有关政策规划。早在 2019 年，深圳就率先提出"继续深化国际化社区建设，全力打造国际化街区"。而且，深圳致力于挖掘改革开放以来具备的产业和区位国际化基因与跨文化传播的优势话语基因，将"打造全球标杆城市"作为城市建设目标，这从多方面支持和引导了坪山区国际传播工作的开展。

（二）媒体融合格局和四级媒体传播体系的经验支持

随着媒体深度融合的推进，我国构建起多主体、立体式的大外宣格局。具体而言，即由中央级国际宣传旗舰媒体、省级新型媒体集团、地市级新型主流媒体和数千家县级融媒体中心等形成的四级媒体传播体系，不同层次的媒体各司其职，共同承担着讲好中国本土故事和对外传播中国文化的双重责任和使命。进一步完善这一媒体融合布局，使其与数字媒介技术发展、全球化和城市化趋势等相调适，已经成为中国国际传播能力建设的重要抓手。

在这一过程中，随着中央和省市媒体深度融合与国际传播经验的不断累积，全球传播实践具备一定的经验性模式和规律，比如建设完备的技术平台，运用国家级资源优势改变既有的宏大叙事方式等。县级融媒体中心作为四级媒体传播体系的结构性基础和"托底环节"（常凌翀，2021），一方面，在技术、人才和平台层次等方面存在难以突破的明显短板；另一方面，作为新兴的基层主流媒体，兼具基层治理、公共服务、新闻传播等多项功能和身份，与地方各机构、部门和团体的关联性更强，方式和层次更为丰富，深具创新潜力，存在突破既有模式和规律问题的可能性。

截至 2022 年 8 月，全国已有 2585 个县级融媒体中心建成运行。在浙江、广东、北京等地，一些县级融媒体中心依托各自优势，搭建起较为鲜明的传播和治理平台，形成了各具特色的发展模式。在深圳，各区融媒体中心全部挂牌，在政府的规划引导下，已经出现具有启发意义的创新路径。比如，根据人民网研究院发布的《2022—2023 区县融媒体发展观察报告》，龙岗区融媒体中心首创纯国企模式，实现全员统一身份、统一管理、同工同酬。2022 年，龙岗区融媒集团全年原创策划数量增长 2 倍，收入达 1.6 亿元（不含网络），年度净利润增长率超过 20%。坪山区则依托产业、人才和文化优势，在全国层面形成了城区媒体推动国际传播的新思路、提升城市形象全球传播力的坪山实践。

（三）坪山产业、人才和文化的独特优势

第一，国际化产业和人才的"集群"效应。深圳将坪山定位为深圳东部中心、深圳国家高新区核心园区及深圳未来产业试验区。近年来，基于足够的土地空间和政策优势，坪山全力支持全球性产业的发展、引进一流人才。坪山三大主导产业，新能源汽车、生物医药、新一代信息技术蓬勃发展。例如，2017 年，坪山出台生物产业专项支持政策，是全市出台最早、支持范围最广的城区之一，目前坪山具备生物医药产业链、完善的研发创新链条，吸引了一大批国际上的专业人才、企业和机构加盟，形成国际化产业和人才"集群"效应。新媒介视野下，国际化的产业和海外人才，不仅是传播机构的内容来源和特定受众，伴随全媒体传播权力的下移和流动化，产业、机构和人群，也是加强国际传播能力建设的重要主体，是传播机构的协同合作对象。因此，坪山融媒体中心处于国际化的产业、人才聚集地，具有增强国际传播效果的外在客观优势。

第二，"东部文化中心"的文化体制改革。坪山作为深圳目前最"年轻"的城区之一，承担着建设东部中心等重任。但是，在 2017 年建区之初，

文化发展相对滞后，公共文化服务水平亟待提升。为此，坪山探索构建文化发展新机制，并将文化作为"创新坪山"的动力和引擎，"文化+"新模式为城区高质量可持续发展赋能。例如，坪山文化馆体现了坪山对事业单位选人用人标准和治理结构进行改革的举措，政府和文化机构"政事分开、管办分离"，扩大文化机构向专业化迈进的空间。基于文化体制改革和公共文化事业迅速发展的城区环境，坪山融媒体中心能够实现改革机构运行机制和国际化城区推广中心一体化运作等，从而有力促进国际传播工作的展开和效果的提升。

第三，文化话语的国际取向。在文化体制改革进程中，坪山引入一系列具有先进思想和话语体系的文化人才、机构和活动，这在一定程度上填补和改变了坪山的文化内涵和文化面貌，形成了具有国际取向的坪山文化话语。例如，组建坪山文化馆、图书馆、美术馆和大剧院，聘请周国平、刘晓都、王俊等各领域专业人士出任馆长等。近年来，出品或上演一系列新锐、专业的艺术展览、沙龙、讲座、戏剧。坪山大剧院按照"开放、先锋、品位"的运营定位，开业以来演出法语原版《巴黎圣母院》、郎朗《哥德堡变奏曲》等百余场剧目，"冲向剧院"逐渐成为区域文化生活方式。坪山文化智库邀请了涵盖北京、上海、广州、深圳等地的人文、艺术、设计等行业的顶尖专家，深入参与坪山文化事业。作为地理空间和意义话语的"坪山文化聚落"，已经形成了众所周知的"坪山文化现象"。关键在于，"坪山文化现象"展示的新锐、专业的文化气质，凸显了跨文化传播所需的不可或缺、人类共享的现代性话语，是深圳市和坪山区的全球传播实践中新兴的、独创的文化财富。

二　坪山融媒体中心国际传播工作的具体举措

在加强国际传播能力建设、促进文明交流互鉴的政策背景下，立足于深圳"双区"驱动和"双区"叠加的城市现实和"打造全球标杆城市"的建设目标，作为对标国际一流集聚产业和人才创新的新兴城区，坪山区致力于打造国际化氛围浓厚、全球性要素活跃的东部创新高地和文化高地。这实际上成为坪山融媒体中心参与国际传播工作的思路和行动起点。

经过走访调研和材料梳理，笔者从多方协同行动、在地文化传播、内容叙事优化、传播平台整合、多元媒介探索五个方面阐述坪山融媒体中心参与国际传播工作的举措。

（一）改革体制实现多方协同行动

坪山区文化体制改革，赋予了坪山融媒体中心改变原有管理模式和运作机制的资源和能力。坪山区委宣传部与坪山区文化广电旅游体育局合署办公，为实施"宣文统筹"的发展思路，探索构建"大宣传"格局打下坚实基础。在行政管理层面，坪山融媒体中心通过成立专业委员会和推出系列性的内容共创计划，做好组织架构、人员配备和其他资源保障的顶层设计，形成了多方协同联动开展国际传播工作的体制机制。

第一，成立坪山国际化城区推广中心，一体化运作。除了基础功能，坪山融媒体中心还具有推广城区国际形象和推动国际人文交流合作的特殊职能。2020 年 4 月，坪山国际化城区推广中心在坪山融媒体中心挂牌成立，创新采用合署办公、双重身份的方式开展国际传播工作。坪山国际化城区推广中心负责统筹实施坪山国际化城区推广工作行动计划，建立坪山对外形象推广品牌，统筹策划开展坪山区国际传播及国际人文交流合作活动。

第二，成立专家委员会和编辑委员会。邀请互联网企业、媒体机构、高等院校、研究机构等的专家学者和负责人担任专家，作为高级智库，为坪山区媒体深度融合和国际传播工作建言献策。同时着力构建编辑委员会，构建以编辑委员会为中枢、贯穿融媒体中心日常业务全流程的运行管理机制，有机整合各单位新闻信息采集、驻区媒体采写力量，强化区域整体传播策划。

第三，推出"内容共创计划"。一是和各部门、机构共创，例如坪山区委宣传部（坪山区文化广电旅游体育局）、坪山图书馆、坪山美术馆等。二是和主流媒体、专业机构共创，例如 *Shenzhen Daily* 等。三是和专业领域国际友人共创，发掘和培育更多内容创作者，围绕热点话题，为坪山提供具备价值品质的深度优质内容，例如与国际摄影爱好者合作开展视觉艺术驻地创作计划。

坪山融媒体中心通过改革体制、多方协同行动，形成了"联接"和"沟通"的特色。一方面，合署办公、资源共享使国际传播计划的推行和街区推广功能的实现更为畅通，专家委员会和编辑委员会的成立则在组织机构层面更新了传统新闻编辑部的生产模式，推动媒体融合纵深发展。另一方面，内容共创计划将更多传播主体的多元内容导入肩负国际传播责任的媒体机构，在一定程度上突破了基层媒体的内容质量和规模困境。

（二）挖掘和传播地方文化

有研究指出，文化的力量在于制造文化认同、激活文化体验、延伸城市文脉（何国平，2010），文化在城市形象全球传播中具有独特地位和作用。从跨文化传播的角度理解城市形象全球传播，城市文化的现代化转型是最有可能跨越不同意识形态、种族和国别差异，抵达人类共同价值观沟通的路径。此外，在新媒介视野下，城市的物质性空间、机构和组织等被符号化传播，形成一张巨大的、细密的"文化之网"。以价值观为重点的城市文化可以被称为城市形象全球传播的核心。

近年来，坪山生命科学、新能源产业和文化创意产业建设成效显著，其产业价值观和文化产品价值观，构成了坪山的文化特质。坪山融媒体中心从两个方面挖掘和传播地方文化。第一，立足深圳城市东部中心、高新技术产业和先进制造业创新集聚区、生物医药科技产业城等定位，凸显坪山在产业基础、创新体系方面的优势，不断输出科技创业产业、科研院所等的创新文化价值。例如，围绕深圳经济特区建立 40 周年重大节点，策划了《创新创业坪山人》微纪录片、《生活在坪山》Vlog 等重点栏目。《创新创业坪山人》聚焦坪山科技、文化、生态、社会等领域的创新代表人物。第二，立足建设深圳东部文化中心的重任，开创"融媒+文化"传播模式，彰显全媒体传播和文化创新的"融合效应"。例如，依托坪山文化聚落、大万世居等文化载体，策划"融媒+文化"宣传活动，具体有坪山图书馆主办的"明新大课堂""坪山自然博物系列讲座"等线上活动以及首届坪山自然博物图书奖评选活动，坪山美术馆主办的"九层塔：空间与视觉的魔术"等当代艺术跨界展。

坪山科技创新和文化艺术相结合的双重文化特质是坪山融媒体中心开展国际传播的核心元素和重要标签。一方面，传播实践和文化生产是双向互动的关系，坪山区对文化特质的关注和挖掘构成了对文化特质的培育。比如，推动塑造坪山文化聚落新锐、专业的文化气质。另一方面，新媒介视野下，坪山融媒体中心"融媒+文化"传播模式改变了基层传播的固有认知。城市传播实践视角中的坪山，实际已经形成具有国际传播潜力的深圳新文化。

（三）优化内容和叙事

中国国际传播经验体系中，"讲好中国故事"强调切入点的具体细微、故事情节的生动鲜活、叙事方式的情感化等，同时强调彰显中国价值底色、融入中华优秀传统文化立场。在这一角度，县级融媒体中心的"托底"作用体现在和地方的紧密联合使其具备讲故事的天然优势方面。从创立之初，坪山融媒体中心就将"国际化"基因深嵌于各领域，尤其是作为基层媒体，以"国际化"的内容生产和叙事方式这一地缘性特色作为媒体深度融合的方向之一。

第一，将"国际化"基因深嵌于内容生产中。坪山区集聚全球性的产业、人才和文化价值观，是坪山融媒体中心开展国际化内容报道的天然资源。一是开设了《新闻坪说》《在坪山城市书房聊天》《生活在坪山》等创新栏目向海外介绍坪山在地文化。二是与海外人才和机构合作，制作面向海外传播的栏目或作品。例如，《全球创新伙伴对话》栏目选取与坪山关联度较大的国际合作伙伴和业界领军人物开展对话，《外眼看坪山》栏目展现外籍人士在坪山工作、生活的所见所闻所感，将国际文化和本土文化有机融合。《深夜英语》栏目推出深圳及坪山双语内容特辑，将科普知识和英语学习相结合。三是面向摄影、视频、音乐、生态等兴趣圈层的在深外籍人士，依托坪山文化聚落、坪山城市书房、大万世居等文化载体及全域特色生态，做强在地特色文化品牌。

第二，将"国际化"基因深嵌于叙事方式中。一是调整文字、音乐、影像等的国际化风格。例如，"Live Pingshan Live Global 越坪山越国际"主题国际文化推广计划中，以海外受众容易接受的语境和场景传播坪山以客家围屋为代表的特色历史文化。以国际化视角设计制作坪山双语宣传折页，融合坪山概况、文旅景点介绍等图文内容，对坪山的人文环境魅力进行展现。二是内容共创计划呈现"原汁原味"的国际化叙事。例如邀请来自加拿大、美国、英国、比利时、智利等 10 个国家的近 20 名国际摄影家开展坪山摄影采风活动，与国际友人合作原创音乐作品。此外，与国际前沿创意传媒科技机构共同制作《创新坪山》全球推广片，在文案设计、人物选择、后期渲染、原创版权 BGM 等不同维度力求达到真正的国际水准。三是在新冠疫情期间突出国际化创新型城市的人文关怀。拍摄微纪录片《人类战"疫"世界情"深"Fight the Virus Stay with Shenzhen》，讲述在深外籍人士与深圳同命运共抗疫的深情故事。

（四）整合和运用传播平台

媒体融合的本质是指面对新传播革命带来的全系统影响，原先的媒体系统应对来自外部新媒体的挑战并进行自身变革，通过再媒介化实现新的系统重构（张涛甫、赵静，2021）。作为基层主流媒体，县级融媒体中心不再是传统意义上的"媒体"，而应该被看作一种数字智能时代具备互联网传播思维的新媒介。坪山融媒体中心利用独特优势，整合原有传播基础，运用流量平台和海外平台，利用数字技术更新内容呈现方式。

第一，整合城区原有媒体基础，统筹新闻生产环节。坪山融媒体中心设计和建设了行业领先的全媒体内容管理系统，打造了集全局指挥、采编调度、高效协调、信息沟通等功能于一体的新闻生产体系，统筹"策采编发评"等各个新闻生产环节。例如，坪山融媒体客户端构建了"新闻+政务+服务"的综合性融媒体信息化平台。

第二，运用流量平台和海外平台扩大国际传播量。坪山融媒体中心使用新的平台模式，以社交媒体为中心，运用多种类型的平台扩大国际传播量。例如，2020 年"五一"期间，选择拥有 1.3 亿注册用户、以年轻人为主流的"哔哩哔哩"直播平台，开通"宝藏坪山"直播账号，策划"'五一'坪山播不停"、"2020 唱游坪山：和你一起盛开"音乐会等传播创新活动。后者更是以中英文双语形式向海内外受众讲述坪山成长故事，在央视频、哔哩哔哩、抖音、新浪微博实现同步直播以及在众多流量平台轮播。

第三，尝试新技术，更新内容呈现方式。坪山融媒体中心积极接触和尝试使用新技术，例如大数据、VR 等在中央、省市级主流媒体已经有一定使用经验的技术。例如，策划推出了《来！带你看数据里的坪山》《坪山热搜榜来了！点点更惊喜》等系列数据新闻类文章。利用 VR 开发"互联网+"沉浸式探索体验项目，设计以"坪山体验馆"为主题的全域探索和专题探索品牌等。

（五）探索多元的城区媒介

新媒介视野下，平台的整合实践，不仅包括现有传播平台在扩大传播量角度方面的增量整合，还包括对新兴媒介的主体性探索。一方面，如上文所述，坪山融媒体中心将城区特质、在地文化等视为传播内容，用数字技术开发传播形式，用内容优化策略提高内容质量，推进城区形象的全球传播。另一方面，坪山融媒体中心借助国际化城区推广建设，打造城区地理空间的文化"界面"，举办国际化的文化创意活动。后者体现出坪山融媒体中心对数字媒介革命下城市传播工作的创新理解，这正是对日益兴起的"数字城市""智慧城市"的一种诠释。

第一，打造城区地理空间的文化"界面"。坪山融媒体中心将国际传播工作与深圳市国际化城区推广工作有机融合，无论是坪山融媒体中心坐落于坪山文化聚落（坪山文化馆、图书馆、美术馆和大剧院）片区的核心位置，还是极具现代设计感的建筑风格（三层的半露天空中花园），坪山融媒体中心致力于将自身的实体地理空间与融合国际化要素的在地文化紧密相连。另外，国际人才街区在坪山融媒体中心的传播思维塑造下，成为集体验、交流、宣传于一体的国际化推广项目。坪山融媒体中心、坪山文化聚落和国际人才街区不只是城区居民的公共空间或者途经之地，也是展演和塑造在地文化、推广和构建坪山形象的新媒介，是海外居民接触、体验和理解坪山文化的城市"界面"。

第二，举办国际化的文化创意活动。例如，推动国际文化创意展会合作，邀请英国爱丁堡市市长佛兰克罗斯·罗斯为第一届坪山新文创博览交易会致辞，引入包含大英图书馆、哈利·波特主题周边店等知名品牌在内的12家国际展商，策划"英国博物馆展览设计行业趋势案例研究"线上主题讲座等10余场活动。邀请深圳国际形象大使、国际钢琴巨星郎朗于2020年8月14日在坪山大剧院进行巴赫《哥德堡变奏曲》中国首演，精心策划的开琴仪式郎朗中外粉丝互动、让世界聆听创新坪山的郎朗音乐地图、返场全球云推介等举措，让世界的目光聚焦坪山。

第三，组织声音和"城市漫步"等新型传播事件。坪山融媒体中心引进了"大英图书馆声音展——深圳坪山特别展览"，将大英图书馆的声音档案中罕见以及未公开发表的声音以唱片形式带到坪山，并在同一空间放置储存着坪山城区声音的唱片，与大英图书馆的声音形成了"交响"和"共鸣"。同时，推出"坪聚一声山水绿"有声明信片，精选不同领域的具有代表性的音频，将画面和声音两者相结合。另外，坪山融媒体中心曾组织过"城市漫步"类活动，市民能够乘坐巴士或者步行，自行规划浏览路线，以不一样的、自主性的视角体验城区，例如"深圳体验线路之坪山"（Just Shenzhen Pingshan）。

三　坪山融媒体中心全球传播实践的创新启示

（一）底部更新整体：城区媒介新角色

从历史来看，有影响力的大众媒介一般位于商业化程度较高的城市，媒介生态触角并未下沉到乡村（郝周成，2021）、社区等基层空间。但数字媒介技术改变了基层空间在传播影响力网络中的位置和效能。从政策指引来看，中央对媒体深度融合提出的"四级融合发展布局"，强调在政治和城市治理意义上的"中央、省、市、县级融媒体中心"的"自上而下的纵向联动，实现层级融合"（郑雯、万旭琪、施畅，2022）。这体现出县级融媒体中心设立之初从"垂直化"角度构造媒体融合空间格局的想法。

坪山融媒体中心的内容实践和平台实践，说明了基层媒体在这一媒体深度融合格局中的新角色。一方面，县级融媒体中心作为底部媒体，承担"补充"和"延伸"的功能，配合"上层"媒体实现自上而下全盘规划的传播工作，这已有很多讨论。另一方面，县级融媒体中心能够以在地性、基层性和体制创新空间，实现自身传播内容和传播平台的优化，产生更新媒体深度融合整体格局的能力。坪山融媒体中心将在地的国际化基因和优势嵌入内容生产和叙事表达中，产生具有国际化气质和跨文化传播潜力的地方文本，极大拓宽深圳城市传播表达的话语和价值空间。例如，机构发起的"内容共创计划"中，国际友人生产的一系列摄影作品等。

同时，数字媒介时代的地方文本并不可能固着于某个物理性的地方，而是伴随"上传"和"发布"的动作，已经触及和通达全球，这和传统媒体时代的新闻生产流程和管理体系相比，已经具有很大区别，甚至是颠覆式的创新。这种面向全球的瞬间接触，不仅是因为坪山对媒介平台和流量平台的主动统筹和运转，也是基于数字网络和移动网络从事文本传播的技术特质。从这一角度来说，数字媒介的传播都是全球传播。因此，在"自上而下"的纵向联动中体现出的主流媒体的层级属性，在数字媒介时代的全球传播实践中或许已经面临内容和叙事方面的调整和变化。作为"底部"的县级融媒体中心，需要立足城区优势，发掘独特的传播内容和叙事资源，化"自下而上"的层级联动为"节点"之间的互相激活（彭兰，2020），更新整体的传播思维和行动，从而作为提高城市形象全球传播能力的关键媒介，为城市形象全球传播实践注入先锋力量。

（二）基层作为主体：全球文化再生产

全球传播实践和文化生产紧密相关。文化蕴含人类共享的价值观，能够打破国别、种族和意识形态等交流障碍。而且，全球政治和经济形势变化，也推动国际竞争的主题过渡迁移到文化领域。有研究提出，"全球文化秩序越来越成为分配全球利益、重塑国际格局的一种隐性推动力量"，"把握全球文化交流融合与国际传播互生互动的基本规律和演进态势"（余远来，2024），对于参与构建全球文化新秩序，推动中华文化走向世界具有重要意义。具有全球共享意义的文化事业、文化产业和文化观念等，成为城市形象全球传播实践的战略力量。

坪山融媒体中心挖掘和传播地方文化，塑造自身科技创新和文化艺术相结合的双重文化特质，有力提升了坪山的国际传播能力。其一，从内容来看，如前文所述，坪山的全球性文化特质是开展国际传播的元素和标签，新锐、专业的文化气质具有跨文化传播的天然优势，彰显了深圳文化的新面貌。其二，坪山融媒体中心突破自身的固有边界，联合不同的、多元的文化载体、机构（例如坪山文化聚落、大万世居），从建设深圳东部文化中心的高度推进文化生产创新，使"基层"演变为新的全球文化生产空间。

数字媒介时代，基层能够作为主体进入全球文化再生产体系，以跨文化交流促进全球传播。在此之前，比如在传统媒体时代，由于缺乏更具深度和广度的技术，基层往往被淹没在文化生产和传播的主流话语之外，被认为是传播的对象性受众。而数字媒介融合了社会时间和空间，形成了非线性、去中心化的传播生态，受众的文化活动对媒介具有反向的"牵引"作用（夏瓦，2018）。坪山融媒体中心的传播实践表明，由于基层文化的特质和数字媒介技术的加持，不能否认基层文化存在提升城市传播力的更大可能性。对于管理者和决策者而言，将基层打造成为城市形象全球传播实践的中心"行动者"（沃瑟曼、福斯特，2012），赋予更多传播权力，是改变和提升现有国际传播工作话语体系、文化体系的一种策略。

（三）地方驱动全球：国际传播新转向

全球传播中的"中国"，由无数个丰富的"地方"和细微的故事构成。在"地方"视角的国际传播讨论中，不少研究者发现"地方"在国际传播工作中发挥着独特作用，也有研究者指出城市在国际传播能力建设中的新定位（张毓强、姬德强，2024），提出应从媒介意义上思考粤港澳大湾区的国际传播定位（刘雯靖、邹军，2023）。由上述坪山融媒体中心的实践可知，坪山作为"底部"的城市传播媒介和"基层"文化生产者，体现出"地方"尤其是城区在国际传播能力建设"新的立体格局"中可能担当的新角色，即推动而非配合、支撑而非补充、节点而非延伸的"驱动"力量。

第一，在层级意义上，城区从属于现代城市结构的内部或边缘。但是在数字革命技术的赋权下，作为城市治理、意识形态管理的"最后一公里"，城区传播机构涌现出媒介融合传播和文化再生产的全球传播创新要素。第二，城区的全球传播实践，凸显出富有主体性的"驱动"意义。这体现出数字技术革命对城市传播系统的一种颠覆：城区不仅是城市传播系统的一个构成性部分，而是在城市、国家和全球的传播实践中有机运作的一分子，是共同绘制传播网络的"节点"。国际传播的"地方转向"研究，需要注意到"地方"的特殊角色及其在数字媒介革命中可能的变迁。

第八章

以空间为中心的城市形象全球传播体系

—— 对深圳国际化街区的讨论

在"双区建设"的历史机遇下，深圳的国际化城市建设步入了新的阶段。2019 年，深圳发布《关于推进国际化街区建设提升城市国际化水平的实施意见》，率先提出建设"国际化街区"。

历经三年建设，深圳首批国际化街区建设成效显著。2023 年 2 月，招商街道、河套深港科技创新合作区（福田保税区）、翠竹街区、坪山街区等 20 个街区登上了首批国际化街区创建名单。2023 年 10 月，深圳又启动了"越深圳·越国际"深圳市第二批国际化街区建设，确定前海、九围、华强北、国际生物谷坝光核心启动区等 20 个街区为第二批国际化街区创建单位。

深圳的国际化街区建设，体现了对城市和传播之间关系的创新把握，对中国城市形象全球传播实践具有启示意义。新媒介视野下，以国际化街区建设为抓手建设国际化街区网络的城市建设工程，能够挖掘国际化街区的媒介性，打造城市传播新体系，提升深圳城市形象全球传播力。

那么，深圳为什么开始建设国际化街区？国际化街区如何推动城市形象的全球传播？笔者通过梳理国际化街区的含义和作用、建设背景、实践特征，分析通过建设国际化街区打造城市形象传播新体系、推动提升城市形象全球传播力的创新路径。

一 深圳国际化街区的空间含义和基本情况

根据深圳市委外办编制的《深圳市国际化街区建设评价指南》，国际化街区的定义是：承载城市国际化功能，具有国际化配套设施、优良环境品质和开放包容氛围，吸引培养中外人才，不断满足居民对美好生活向往的产城融合发展单元。本部分在新媒介视野下，分析国际化街区的空间含义和基本情况。

（一）国际化街区的空间含义

社区是中国的小尺度治理单位，社区建设不仅意味着社区内部的传播实践和治理手段，也会对更大尺度（比如城市、地区、国家）的媒介和传播起到作用。反过来说，街区是人们生活的基本单元，是城市传播和社会互动的基本空间。传播学对社区的现有研究，集中于社区大众媒介作为一种区别于主流、商业媒介的特殊性，或是社区治理和社区认同路径中的媒介要素。实际上，从最为根本的属性来看，社区首先应当是一个空间概念，是与人的身体实践相关的具体场所和地点；社区的地理和物质属性，使其在全球化和"流动空间"的大潮中，为本地居民赢得了对抗的可能性（谢静，2013a）。

社区所在的具体场所、位置和地点，以及社区的物质属性，构成笔者对国际化社区的基本认识。一方面，所谓国际化社区是城市社区的一种特色化实践，即"世界各地不同国籍的人们聚居或工作在一定地域范围内所组成的社会生活共同体"（柴茂昌、蓝涛、曾志敏，2021），与其并列的，还有历史街区、文化街区、创意创新街区等。另一方面，有研究指出，"社区传播之独特，并非在于内容之特殊——比如特殊的社区事务，而是特别将空间要素置于传播之上，突出了传播与空间的紧密关联"（谢静，2013b）。这一特色化实践并不意味着城市社区构成群体、产业特征、生活方式的不同，新媒介视野下，城市的国际化社区意味着作为媒介的社区的传播作用更为彰显，其特点即全球化。因而，笔者认为，国际化社区可以被称为城市形象全球传播的小尺度空间实践。

（二）深圳国际化街区的基本情况

早在 2014 年，深圳就公布了《深圳市国际化城市建设重点工作计划（2014—2015 年）》，首次提出推动建设福田东海、水围，罗湖百仕达，南山沿山、水湾，龙华观澜，盐田梅沙，龙岗华为 8 个"国际化试点社区"。2019 年，正式提出"国际化街区"的概念。

第一，设置了分层、多维的评价体系。2022 年 9 月 28 日，深圳市外办发布了《深圳市国际化街区建设评价指南》及《深圳市国际化街区规划布局与建设指引》。"基础评价"包含街区治理、国际交往、居民素养、宜居环境、产业服务、传播能力。在评价结果方面，该评价指南设置了国际化示范街区、国际化特色示范街区和国际化特色街区 3 个类别。第二，地理分布和规模较为均匀。除数量最多的南山区（7 个）外，坪山区、盐田区等的数量主要维持在 3~4 个。但从空间规划上看，国际化街区聚集在南山、福田、罗湖等中心城区。

二 深圳国际化街区：探索高质量建设国际化城市的重要举措

总体而言，深圳提出国际化街区建设，是为探索高质量建设国际化城市，提升超大城市的治理能力和国际影响力提供支撑。本部分从城市治理、涉外服务、产业规划三个方面，梳理建设国际化街区对于高质量建设国际化城市的重要意义。

（一）城市治理

党的二十大报告提出，要"完善社会治理体系"，"健全共建共治共享的社会治理制度，提升社会治理效能"，"建设人人有责、人人尽责、人人享有的社会治理共同体"。随着新时代我国经济实力不断增强，城市治理能力不断增强、城市化进程加速推进、城市功能逐步完善，超大城市（城区常住人口 1000 万人以上的城市）吸引着越来越多的外国人来华工作和生活。

作为城市高质量发展的重要基础性工作和基本工作单元，社区治理的重要性和必要性日渐凸显。一方面，社区治理在城市治理中发挥着独特作用。比如，可以协调各方利益关系，推动城市层面的政策落地实施；直接满足基层居民的物质文化需求，了解民众的具体困难和问题等。另一方面，新技术和全球化浪潮为社区治理带来机遇和挑战。人口、数据、信息的全球流动，使社区成为一个连接千家万户日常生活的关键枢纽。

深圳作为中国的超大城市之一，城市治理和社区治理水平走在全国前列。国际化社区建设，是深圳在全国范围内率先提出的社区治理方式，是城市高质量发展先行示范的一种创新。例如，深圳国际化社区建设至今，蛇口社区已经建成了全市首个外国人社区服务中心，外籍人士能高效参与社区居民议事会，并且有自发形成的多元化社团组织等，共同为社区治理和建设献计献策。

（二）涉外服务

在经济全球化和"一带一路"倡议推动下，全球范围内的人口流动性整体呈现不断增强的趋势。据世界银行 2020 年统计，国际移民的规模从 1960 年的 0.72 亿人稳步增长至 1990 年的 1.53 亿人和 2020 年的 2.81 亿人。纽约、旧金山、东京和粤港澳作为世界四大湾区，成为全球人才集聚和交往的高地。中国作为经济全球化的倡导者、参与者和重要主体，也成为全球人口流动的一个关键节点。另外，部分移民城市的形成，与历史密切相关。比如，作为中国著名的侨乡，广东省江门市从唐朝开始，就有不少本地人走向海外。在明朝，已经是中国最早的"国际贸易港"之一。步入近代后，江门台山人奔赴美国、加拿大，他们也是中国最早的"淘金者"之一，架起了中外文化交往的桥梁。

在这一背景下，移民管理能力成为考验城市现代化治理水平的重要因素。作为改革开放后的新兴城市，深圳的海外移民比例逐渐增多，并先后形成蛇口、坪山等外国人集聚区域。而且，随着中央、省市各项海外人才支持政策的落地，比如更加开放便利的境外人才引进和出入境管理制度等，深圳对外籍人才的吸引力越来越大。在这一现状和趋势下，城市街区需要具有更高质量、多层次的涉外服务能力，继续促进人才高效集聚。比如，多元主体共同参与社区服务，打造能够提升专业素养的国际人才交流培训平台，提供优质的教育和医疗条件等。境外人才集聚的街区空间是实施上述理念的重要切入口。建设国际化街区，能够实现更为现代化的移民服务，让国际人才"引得进、留得住"，真正融入城市。

（三）产业规划

有研究指出，国际化街区"既意味着国际化、一流的硬件基础设施，同时从深层次上对城市治理能力和治理水平提出了更高要求"。"通过街区集约高效、人才聚集、开放包容、宜居宜业，最终实现国际先进生产元素、知识技术和高端人才在国际化街区聚集。"（柴茂昌、蓝涛、曾志敏，2021）从市场角度来看，国际化街区建设不仅是对城市规划和城市治理的考虑，也有利于产业规划建设。例如，《黑龙江日报》曾报道，哈尔滨市道里区中央大街打造时尚化国际化"中国欧陆风情街"，推介会期间，意大利卡拉布里亚大区商业企业协会计划引入意大利特色餐饮、创意街区酒吧、品牌专门店、风情院落等新业态。

每个城市社区都有独特的产业支撑，街区的国际化有利于打造国际化的产业。正如前文所述，深圳国际化街区规划有"商务交往+产业创新+教育科研+商业文旅"四类功能布局。根据《蛇口消息报》报道，国际化"产业创新"街区以现状高科技企业、外资企业、创新载体分布为基础，结合国家高新区各园区规划，引导形成深港科技创新合作区、粤海、坂田等8个国际化产业创新街区。这类街区的发展目标是建设产城融合、功能复合的国际化创新创业空间，吸引具有国际水平的青年科技人才、高水平创新团队。发展知识密集型产业，打造具有强大竞争力的国际科技产业创新中心。这体现出，在深圳创建开放式产业创新业态的背景下，国际化街区建设能够提供有效助益。国际化社区通过推进城市生活环境的国际化，为优秀产业人才创建高品质的宜居宜业环境。

三　深圳国际化街区的媒介特征

早在 2021 年，作为深圳最具国际化的城区之一，蛇口街道在全市率先探索研究国际化街区建设的标准和指引，首次提出国际化街区标准指标体系。结合相关指引和建设成果，本部分在新媒介视野下，从物质性空间的角度，分析深圳国际化街区的实践。结合笔者走访调研，本部分以蛇口、坪山、招商等具有代表性的街道为例，涉及实体空间设计、传播基础设施、文化交流活动、公共服务组织等方面，即从实体空间、硬件设施、文化活动和公共组织等几个要素说明国际化街区的媒介性。

（一）实体空间设计

新媒介视野下，实体空间设计是一种广义的传播行为。空间作为一种交流和对话的主体，能够调整、适应本地社会关系和社会模式，使社区成为一种有意义的公共场所，提供给社区居民一个交流、协商的场景。空间设计的过程，即不断调适空间推进社区传播的一种空间实践。一方面，人们往空间注入自身目的与意图，这个过程本身即信息传递；另一方面，对物质性空间的"修改"，意味着传播的"仪式"，物质本身即受众得以接触的传播文本。

在深圳国际化街区建设中，一流、先进的实体空间不可或缺。街区实体空间的特质，能够展示国际化形象。招商街道太子湾邮轮母港、坪山街道文化聚落作为经典城市地标，体现了多元文化交融的城市形象。在第 19 届中国国际人才交流大会上，招商街道展位以明华轮为原型，汇聚海上世界、女娲补天等标志性元素，吸引国际人才零距离感受街道"开放、包容、多元、共享"的历史人文底蕴和改革开放精神。

公共空间应当使人们"能方便而自信地进出；能在城市和建筑群中流连；能从空间、建筑物和城市中得到愉悦；能与人见面和聚会"（盖尔，2002）。街区的实体空间不仅包括街道、公园、交通设施、地标物等公共性设施，也包括服务居民的行政空间、组织空间等。蛇口街区发布完善街区基础设施、推行街区"微改造"和持续推进城市更新的计划。在治理体系方面，蛇口街道按照"一站一馆一平台一基地"模式，建立"一站式"咨询大厅，为外籍人员搭建办事平台。招商街道境外人员管理服务中心分设接待区、服务区和办公区，设计点缀丝绸之路和蛇口海洋城市建设等元素。

这些空间形成举办外籍人员街区社交活动的公共场所，推动外籍人员之间、外籍人员和社区工作者之间的密切往来，使外籍人员在与大厅机构的接触中强化了地方认同和城市认同，构成了有意义的城市意象，促进了文化层面上的中外融合。

（二）传播基础设施

所谓传播基础设施，即支持传播和交流功能得以发挥的平台、组织、技术等。此处所指的深圳国际化街区的传播基础设施，限定在支持街区中外人员之间沟通往来、海外人员接触地方性信息的要素。报纸、广播、电视和互联网新媒体等，是众所周知的传播基础设施。除此之外，与信息传播相关的技术条件、平台条件，也是有价值的、必备的基础设施。在深圳国际化街区建设范围内，相关机构提出和实行一系列举措（语言、手段等），促进中外信息传播交流。

首先，开展国际语言环境建设。公示语中英译写查询系统是国际语言环境建设的重要载体，也是国际化街区建设的重要组成部分。目前系统包括公示语规范译文查询、公示语资讯、公示语纠错社区等板块，提升城市外语服务智能化水平，便于形成海外居民接触、了解本地信息的标准语言环境。

其次，线上提供本地新闻。坪山街道提供精准咨询服务，创建外籍居民服务微信群，结合人才需求每周推送国际资讯、本地新闻与汉语学习知识，为外籍人员提供有价值、有温度的信息服务。

最后，打造多形式的互动传播场景。招商街道采用一对一圆桌会谈方式设有图书角、茶水台，展出双语简化版涉外业务办理流程图，线上依托微信等平台发布资讯。马峦街道挖掘各类文化载体，举办国际志愿者双语绘本阅读活动等，打造促进不同语言交流的环境。

（三）文化交流活动

社区活动是一种重要的社交方式和文化载体，旨在加强社区居民之间的互动和对文化的了解。社区文化交流活动作为一定地理范围内极富动态性的媒介，集结了不同的传播主体和方式，赋予物质性空间和信息传播平台无限的活力。

文化交流活动具有双重性质，同时推动本土文化和海外文化交流传播。国际化街区作为承载活动的空间，能够有效实现两种性质的平衡共进。作为"中国电子第一街"和重要购物商圈，华强北街道在 WOW 华强北城市乐园景区推出艺术展览、音乐演出、星空剧场、文化讲座等。招商街道南山国际文化交流中心先后推出异国文化展演等活动，涵盖中国杯青少年帆船赛、深圳经济特区 40 周年分享会、国际夏令营、"一带一路"嘉年华等。

从空间的角度讲，文化交流活动打破固定的、明确的社区边界，使中外居民成为社区传播的主体，以灵活主动的方式和手段为社区打造更多文化艺术场景，并能针对不同群体设置多样化的活动选择，为中外居民参与更丰富、频繁的公共活动提供便利，从而建立更紧密的社会关系网络，形成"你中有我、我中有你"的有机格局。

（四）公共服务组织

深圳国际化街区以公共服务为目的，健全协同治理体系，不断提升教育、医疗、法律等的专业化和国际化水平。一系列以海外居民为重要群体的社会组织、协会作为协同治理体系的重要一环，赋予海外居民参与街区事务的主体性身份。

例如，蛇口街道极为注重引导海外居民参与街区建设，并依托涉外社工的力量组建 50 多人、规范化的国际志愿者队伍（柴茂昌、蓝涛、曾志敏，2021）。招商街道成立专业机构，为辖内国际人才提供法律、税务咨询服务，提供资源对接平台。坪山区境外人员管理服务中心提供住宿登记、法律咨询、人民调解、链接医保、社保以及涉外事项咨询等服务。坪山区完善"一站式"咨询服务，精准解决护照签证、劳动就业、医疗教育、旅游交通、房屋租赁等问题。

一方面，协同治理和高质量服务，能够增进海外居民和街区、城市的情感联系；另一方面，"人们不是仅仅选择一个与他们的生活习惯相匹配的地方来居住，而是通过日常生活中的邻里活动与个人活动来塑造地方"（余华，2018），由海外居民形成的社会组织、协会，也塑造和改变着街区的日常，比如生活方式、工作方式和氛围环境，使其某种意义上更为靠近一个真正的"国际化街区"或者"飞地"，获得独特的城市形象全球传播能力。

四　构建以空间为中心的城市形象全球传播体系

（一）塑造各具特色的街区文化

从城市文化史来看，如前文所述，深圳作为改革开放后新兴的移民城市，经历了多种文化的冲击和融合，形成了独具特色的特区文化。这一特质使深圳成为海外居民了解中国的重要窗口。新媒介视野下，深圳国际化社区建设的一系列实践，可以被称为"重要窗口"的"开窗"行动之一。

第一，城市历史和城市规划塑造了各具特色的街区文化。地域文化的形成一方面和历史有关，例如，蛇口和华强北是改革开放之初深圳的两张名片。前者是中国最早的外向型经济开发区，是"时间就是金钱，效率就是生命"口号的诞生地，产生了招商银行、平安集团等全球知名企业。后者的华强北步行街，曾是"中国电子第一街"。另一方面和现实各种规划（政策、产业、人口流动）有关。蛇口作为深圳最早的外国人集聚区，如今打造了最具国际特色的社区协同治理模式和服务方式。华强北探索实施国际化建设"3S"模式：Supports，即强化国际化产业支撑；Services，即优化国际化配套服务；Surroundings，即培育国际化时尚文旅环境。具体到国际化街区规划上，深圳出台的《深圳市国际化街区建设评价指南》中的评价体系包括"特色评价"，设置商务交往、产业创新、教育科研、商业文旅四种类型，引导和培育了各具特色的街区文化。

第二，街区文化糅合集萃为深圳城市文化的丰富面相。新媒介视野下，作为实体地理空间的国际化街区，以技术化的信息传播基础设施和动态性的文化交流融入整个城市，实现街区文化的互联互通，编织深圳城市文化。例如，深圳各街道城市 IP 的美学设计，实际上会达到一种街道之间的串联效应。这一运作过程需要从街区具备的媒介性来考虑，即街区并非只是不变的地理范围，加之灵活的技术装置和人的沟通交流，街区演变为城市传播的物质和文化节点。例如，华强北街区的创新创业文化同时是深圳城市文化，蛇口改革先锋文化也同时是深圳城市文化。这并不是结构性文化的整体和局部，而是灵活纠缠在一起，糅合集萃为深圳城市文化的丰富面相。

第三，街区文化有力影响深圳面向全球的跨文化传播。如前文所述，深圳城市文化的特质使其成为海外受众了解中国的重要窗口。这一特殊的优势既在于传播话语体系和叙事方式，也在于交叠性更高的人类共同价值观。例如，仅从街区 IP 来看，河套深港科技创新合作区具备以科技创新为主题的核心理念，龙岗区吉华街道形象 LOGO 在传统的古体字中融入了现代电子产业的身影，象征着吉华传统文化与现代科技的碰撞。深圳街区文化的国际化改造，势必推动这一特殊优势的强化，深圳城市文化会具备更多的、更丰富的国际化特质，更有利于城市面向全球的跨文化传播。

（二）集聚复杂活跃的多元传播主体

第一，国际化街区集聚产业、人群、机构，形成多元传播主体。作为物质性空间的街区，其集聚效应体现在两个方面，一是建设和营造有利于中外产业、人群和机构嵌入的实体区域，例如，公园、街道、交通等公共设施和行政空间、组织空间等服务设施。有研究指出，巴塞罗那 22@ 创新街区，通过自行车道和步行街的设计、第三空间的富集、公园和餐馆的多样化设计等方式改善居住环境（柴茂昌、蓝涛、曾志敏，2021）。二是维护和培育城市地标等更具仪式性的建筑或其他场景。例如，招商街道太子湾邮轮母港、坪山街道文化聚落对相关主体的凝聚作用。城市象征物不仅意味着现有人群加强城市认同感的可能，也会造成人群围绕这一中心形成流动状态。通过这样的运作方式，不同特色但是兼具传播意义的产业、人群和机构在不同的国际化街区高度集聚，从城市建设角度来说，有助于形成一种人才和产业繁荣发展的局面，国际先进生产要素、知识技术和高端人才正加速向深圳集聚。新媒介视野下，参与城市建设网络的要素都是数字化传播中涌现的主体。这意味着城市形象全球传播事业具有更多维度、更多层次的复杂活跃的传播主体。

第二，传播主体之间实现开放、包容的有机结合。主体和主体之间，因以人为中心的活动、组织、技术等动态实践，实现一种开放包容的有机结合。首先，这是国际化街区更为注重公共空间、交往空间等要素，更为关注海外居民参与的协同治理模式以及调整基层涉外管理服务模式等具体转型的呈现，即动态实践的行动方向和主体之间的有机结合。其次，这是由于数字媒介和社会治理的新型关系。即数字媒介技术赋予作为物质性空间的国际化街区更有流动性和虚拟性的延伸方式和程度，数字网络能够以无孔不入、柔软密集的连接方式，实现主体之间的"有机"结合。例如，城市大脑和智慧化街区的建设，一系列创新科技系统和平台，使各街区软硬件设施连缀成形，"盘活"街区空间，共同作为一种智慧城市生态，为城市居民提供数字化服务。最后，这种"有机"，也是横嵌在作为物质化空间的国际化街区的其他国际化实践的体现，由此能够横纵编织一个实践网络。例如，深圳市外办组织评选出包括深圳湾实验室、南方科技大学、南头古城在内的共 25 个"深圳市国际交流合作示范点"。

第三，多元传播主体有机结合形成城市传播整体。由人才、产业、机构共同构建的多元传播主体，有机结合形成城市传播整体。区别于在现有城市形象全球传播中占据主流的宣传模式，即作为主体的城市自上而下的宏观模式，由国际化街区自下而上有机形成的城市，是多元、具体、细微的小尺度街区共同烘托、彼此映照形成的复杂整体。深圳国际化街区实践有利于改变现有全球传播的观念和话语，即以多元小尺度的城市整体，代替单一尺度的城市主体。而且，这一实践见证了新媒介视野下，国际化街区建设在深圳城市形象全球传播实践中的重要位置。

（三）形成协同联动的街区媒介网络

从文化（符号）和主体（人、产业、机构）两个方面来看，深圳国际化街区建设将实体物质性空间、信息传播基础设施、文化交流等媒介要素重新组织、调适和运用，构建起独特的街区媒介，形成城市层面协同联动的街区媒介网络。

第一，作为空间的国际化街区是媒介网络的中心。有研究指出，形态上，街区是以街道为分界线的封闭多边形，是街道、土地和建筑三种主要要素相互作用的空间集合体（柴茂昌、蓝涛、曾志敏，2021）。街区作为"城市的特定空间、功能单元，需始终如一地融入城市整体发展的动态过程"（肖竞等，2023）。但在新媒介视野下，国际化街区既包括公共空间和私人空间，从另一维度来讲，也包括虚拟空间和实体空间，边界处于流动和不确定的状态，即作为空间集聚和演变出一个具有媒介性的街区。

具体而言，首先，国际化街区是不同的媒介要素的动态集合。国际化街区建设实践，即对不同媒介要素的认识和运用。从人的主体性来说，这表现为街区居民一边接受便捷、多元、先进的基础设施、传播资源和公共服务，一边也被媒介要素调整和更改着社会认知（例如街区形象和城市形象）和社会关系（例如增加人际交往）。正如有研究指出，"社区空间凝结了社会结构和社会关系，所以能影响进入其间的人与事"，"空间作为一种象征进入人们的记忆与想象，参与了社区意义的建构"（谢静，2013b）。其次，不同的国际化街区，因各自文化（符号）和主体（人、产业、机构）的特殊性，在形成城市传播整体的过程中，作为不同特色的节点而存在，各自具备独特的传播特质，即"地方性"或者"社区性"。例如，蛇口街区和坪山街区因为具有不同的产业体系、文化气氛和生活方式等，在城市传播整体中发挥出多元作用。"地方性"或者"社区性"的存在，使城市传播形成一种有机协同联动的网状效果——街区媒介网络。

第二，城市传播实践方式和对街区媒介网络的理解有关。数字媒介革命改变了城市传播观念，所以需要用新媒介视野重新理解城市、社区及其传播。现有的城市传播实践方式，将城市作为主体，将街区或其他小尺度地理范围的区域作为主体之系统构成，配合主体完成传播工作，相互之间界限和等级分明，这既是造成城市形象全球传播所谓"宏大叙事"的地理原因之一，也是传统媒体时代的认知。但透过深圳国际化街区建设的经验，能够发现街区和城市之间灵活多变复杂的有机关系，街区作为媒介要素搭建媒介网络，每个节点都能够与全球不同的人、产业和机构连接，发挥城市形象全球传播的主体性作用。"社区空间是一个独特的微观场所，但是各种宏观要素与其间不同的物质、以不同的方式结盟，将其拖入更大的网络空间，从城市到国家乃至全球。"（谢静，2013b）深圳国际化街区的传播实践可以被认为是以空间为中心的城市形象全球传播体系。

五　结语

深圳的国际化街区建设是深圳城市形象全球传播的创新路径之一。本章讨论国际化街区如何推动城市形象全球传播的问题，也就是这一关系如何形成和运作的问题。对这一问题的讨论，一方面，能够为城市形象全球传播实践提供规律性认识，即从什么方向、以什么目的来建设国际化街区，怎么发挥城市各街区的传播功能。另一方面，能够丰富城市传播理论，分析作为空间的社区的国际化实践，对城市和传播而言意味着什么。

新媒介视野下，深圳国际化街区可以被称为是城市形象全球传播的小尺度空间实践。深圳提出国际化街区建设，在城市治理、涉外服务、产业规划方面具有重要意义。从媒介学来看，实体空间、硬件设计、文化活动和公共组织等四个要素构成了国际化街区的媒介属性。以空间为中心的城市形象全球传播体系的运作，即深圳国际化街区实践过程中对以上要素的组织、调整和"盘活"，赋予文化以空间，赋予空间以活力。具体而言，即在文化形象、传播主体两个方面，形成兼具独特性和节点性的街区媒介。一是各个街区对城市形象全球传播的效果不一样，各自发挥独特作用；二是各个要素使作为空间的街区彼此联系，形成协同联动的媒介网络。以深圳国际化街区（空间）为中心的城市形象全球传播体系，可以被认为是这样的实践过程。

由此而言，在数字媒介革命改变城市形象全球传播逻辑的情况下，切实改变城市国际传播工作的观念和实践，必须重新理解城市形象传播全球体系的形成和运行。在对策层面，一是突出空间和社区的关系，将空间作为一种视角去看待城市，发现城市各层次结构之间更为灵活、动态的互动和演变规律；二是打造城市内部不同地理尺度空间兼具独特性和节点性的全球传播角色，真正突破传统媒体时代的认知和叙事方式，并且改变实践方式。所谓的传播话语不只是话语，传播话语的背后是社会现实、城市媒介的剧变。

第九章

新媒介视野下深圳城市形象
全球传播的创新路径

　　《走进宋画：10—13 世纪的中国文艺复兴》一书提到，在 17～18 世纪，欧洲流行"中国风"，诸如华托、布歇、毕伊芒、胡塞尔等法国艺术家们借助传教士和东印度公司舶来的丝、瓷、绘画，绘制出脑海中的"中国"。和 13 世纪一样，那时欧洲人眼里的中国，有一种"夸张怪诞的异域情调"（李冬君，2023）。"中国风"（Chinoiserie）一词，最早就是指在中国文化圈，手工艺品融合欧洲艺术风格形成的艺术风潮，体现了欧洲王室和贵族阶层对"中国"的想象。

　　欧洲人得以形成这种世界观念，与跨国贸易时（比如 13～18 世纪法国和广州的商业往来）主要的交通方式、商品形式和信息传播方式等无法分开。新媒介视野下，丝绸和瓷器作为中国文化的载体，通过木船、马车等交通媒介，以难以被复制和扩散的文本，传递到一部分社会群体手中。回到中国，如何理解异国、如何理解世界，也是受到媒介技术影响的历史过程。所谓"全球"观念，有其和当代信息技术有关的历史性。

　　媒介技术影响着不同地理空间的信息传播和形象塑造。本书在新媒介视野下，从媒介技术（即人类得以运输、沟通和交往的物质性工具，例如交通和印刷）的角度理解城市形象全球传播。一方面，分析城市内部的地理空间（例如街道等基础设施）、文化艺术（例如流行音乐、报纸栏目）、传播机构（例如区级融媒体中心）等要素对国际传播工作而言的"媒介性"。另一方面，廓清和分辨城市作为"地方"和全球的关系，即国际传播实践和理论的地方转向中，地方究竟作为什么角色而存在。

作为本书最后一部分，本章试图说明新媒介视野下深圳城市形象全球传播的创新路径。试图从"全球"观念的历史演变起步，首先，考察何为"全球"的传播，以此来解释使用"全球传播"的一些意图，并以深圳为例分析城市如何树立传播全球观。其次，分别从平台、空间和文化三个关键词进行进一步说明。

一 从"中国风"到"全球通"：
树立城市传播的全球观

（一）全球观念及其技术史演变：从中国出发

人类的观念、思想和理论并非先天而定、稳定不变的，而是与内外部世界的诸多要素混杂纠缠的。不同的民族国家、文化和地域，或者是不同的群体，对自身、其他主体以及世界的理解不一样。在全球史书写上，欧洲学者和亚洲学者呈现出不同的历史话语面貌（森谷公俊等，2020）。结合现实因素和讨论的可行性，本部分首先将全球观念限定在这样一个范围，即以中国为主体视角，对国际社会格局、人类生存和发展的基本观点和看法。

"天下观"和"华夷观"集中反映了中国古代统治阶层对国家内外关系的认识（马大正，2019）。媒介技术如交通和通信影响着"天下观"和"华夷观"的形成。班固在《汉书》中提到："昔在黄帝，作舟车以济不通，旁行天下，方制万里，画野分州，得百里之国万区。""舟车"技术难以抵达的地方，更容易被认为是异质文化存在的边疆："蜀道难，难于上青天。"邮驿制度和文字载体（比如秦帝国的竹简）的建立发明，推动中央集权的管理制度的实施和国家、民族认同的实现。竹简相对于口语的跨空间性和可留存性，利于统一文字文化的推广，邮驿的开拓不仅是信息流通广度的展开，也是中央权力的开拓。

民族国家观的引入，用"同一性管理"取代了"差异性统治"，取消了"华夷之别"。中国人在世界观念层面形成从"华夷"到"民族"的根本性调整。民族国家观，经由《申报》等商业报纸和活字印刷技术、逐渐开放的航运体系和铁路体系，以势不可挡的速度传播给清朝统治者、士大夫知识分子和晚清留学生。在孙中山眼中，铁路不是虚幻的象征符号，甚至也不只是便捷的交通工具，而是"和民国的建立乃至生死存亡紧紧联系在一起的'立国之本'"（李思逸，2023），铁路改变着人们的时空体验和文化想象。

随着电子时代和互联网时代来临，梅罗维茨提出"消失的地域"，麦克卢汉预言的"地球村"已经成为现实。中国作为世界工厂，整个社会信息流动技术和交通（比如高铁）技术的扩散化，带来政府、企业和民众对世界观念的进一步重新体认，即从地方主义到全球主义。中国的"华夷观"和"民族国家观"主要由有全球化局限的交通工具、文本流通、商贸往来等构成，与同期的欧洲文明横向比较，则会发现对待世界的观念存在根本区别。然而在"全球化"时代，起关键作用的是信息技术。随着信息技术的加速迭代，社会时空高度压缩的不断推进，当今世界的全球化的本质逐渐得以清晰呈现。

（二）"全球通"：运用媒介技术培育新时代全球观念

在 21 世纪，"全球通"作为中国某大型移动通信公司的用户"套餐"，展现了移动通信技术来临之后，中国以"全球"为认知框架的"沟通"话语：国家之间平等往来，共同构成全球社会。这与几百年前，欧洲人视为猎奇对象的"中国风"有天壤之别。从"中国风"到"全球通"，体现了国家"硬实力"的此消彼长和中西之间"硬关系"的重构。数字媒介技术作为传播渠道、记忆载体和感官延伸，为处于民族国家观中的人类提供关于异国和世界的新知识体系和新时空体验。

从社会现实的层面看，当今世界正处于百年未有之大变局：一方面，随着全球化、数字化进程加快和中国综合国力提升、国际地位提高，中国在全球舞台上拥有更多话语权，从 21 世纪初的融入者转变为全球新格局的建设者和领导者（郭树勇，2021）；另一方面，面对近年来国际形势和国际关系的新变化，中国遭遇更多新挑战。从中国的历史经验看，全球观念作为中国对世界格局和世界发展的理解，深刻影响中国的国内经济社会发展、国际环境稳定性和国际关系实践。

中国城市形象全球传播问题，需要从大变局和中国置身其中的角色方面来考虑，并立足于迅速发展的数字媒介技术对全球观念愈发深远的影响来行动。遵循全球观念变迁规律，在城市层面充分运用媒介技术积极推动全球化进程，以此来推动平台、文化、空间等不同路径的城市传播实践，构建人类命运共同体。从深圳的视角来看，有以下几点。

第一，推进新型主流媒体国际传播工作的"全球转向"。主流媒体是党的舆论工作和意识形态工作的维护者和推动者，深圳是改革开放和意识形态斗争的"两个前沿"。深圳主流媒体要以"全球-地方"的新视野调整深度融合中的新闻生产传播定位，改革对外传播工作中"以我为主"的叙事和话语体系，凝练、阐释和传播社会主义核心价值观，引导海内外民众塑造新时代全球观。

第二，以人为本，关注人在全球场域的体验。全球化带来的不仅是物质、信息、资本的流动，实际上，也带来人的地方感和全球感比例的转变，即对自己身处全球的感知更为强烈。在深圳城市形象全球传播实践中，媒介主体需要关注作为全球一分子的人的体验，从人的生活和价值出发，激活人和全球的密切关联。例如，主流媒体机构可以运用人格化的传播策略和人类共同价值观，报道与日常生活密切相关的社会公平、社会安全、社会福利等内容，以及全球性新闻事件和评论，与世界媒体机构形成对话。

第三，在文明多样性和城市特色化理念中把握"全球-地方"的传播观。2023 年 3 月 15 日，在中国共产党与世界政党高层对话会上，中共中央总书记、国家主席习近平发表主旨讲话，首次提出"全球文明倡议"。多层次、多渠道的全球文明对话合作是文明交流、互鉴与包容的主要平台。城市媒介主体一方面要尊重全人类不同的文明文化和价值观，将"和平、发展、公平、正义、民主、自由"等概念融入文化作品之中，体现思想性、真理性与教育性。另一方面要向世界阐释具有中国特色、中国精神的优秀文化，推动中国同世界各国的人文交流和民心相通。

深圳城市形象全球传播实践需明确城市形象的全球定位，展现城市独特性，凝聚城市共识。城市形象定位，即立足对城市历史、现状与未来的调研与分析，挖掘城市独特的优质资源，寻找与城市形象相吻合的文化因子和独特载体，从而找出与其他城市区别的优势特征，展现具有差异性的城市魅力（莫智勇，2013）。对深圳而言，应明确"年轻、朝气、活力、包容、现代化"的城市精神核心内涵。在此基础上，梳理现有的城市口号和标语，设置多元化主题。例如，休闲（花园城市、咖啡之城）、文化（图书馆之城、设计之都等）、情感等，并将深圳故事嵌入中国和粤港澳大湾区的发展场域。

二 从层级配合到主体协同：全面开发平台潜力

城市形象全球传播是多元主体、各系统要素协同作用的结果。在全球化、数字化和技术化浪潮下，城市传播的实践主体已经分散在城市内外部，形成各种媒介性要素。例如，深圳国际化街区作为物质性空间，集聚复杂活跃的多元传播主体，不同主体之间实现开放、包容的有机结合，"盘活"整个城市传播的整体，造成以城市为主体进行全球传播的场面。坪山融媒体中心的内容实践和平台实践，代表了基层媒体在媒体深度融合和城市形象全球传播中的新角色，将在地的国际化基因和优势嵌入内容生产和叙事表达中，拓宽了深圳城市传播表达的话语和价值空间。

从这两个案例可看出，作为数字技术时代城市形象传播的媒介要素，其在媒介定位、组织架构和文化话语等意义上的"层次""角色"已经发生本质性的变动，即从"层次配合"到"主体协同"。关键在于媒介技术，尤其是数字平台调整和改变了社会运作规律和人类思维范式。网络化、互联化的协同实践，体现在城市形象全球传播领域，即分散、流动的实践主体之间的关系的平等协作。例如，坪山融媒体中心本来是在组织架构和内容生产上扮演作为基层媒体的依附性、配合性角色，现在具备了打造深圳城市传播实践中心"行动者"（沃瑟曼、福斯特，2012）的潜力。本部分从政府、主流媒体、社交媒体和数字媒体等具备全球传播资源、能力和意识的媒介主体角度，分别分析在协同实践时代如何推动城市形象全球传播创新。

（一）政府：城市形象全球传播协同网络的组织者

对大部分现代国家而言，作为依法组建的权威行政管理机构，政府有建构国家形象、参与国际竞争、提升国际地位的责任。人民网研究院组织编写的移动互联网蓝皮书《中国移动互联网发展报告（2023）》认为，"政府回归"已经成为全球网络治理新范式的重要特征，面向未来的全球网络空间，以及政府未来扮演的角色，需要产生新的基础性理论。在城市形象全球传播协同网络中，政府作为城市内外部各种主体发挥传播效用的组织者，应做好顶层设计，推动建立城市形象传播全球体系的秩序和规则。

第一，推动城市形象全球传播实践调查研究，设立传播目标。改革创新既是深圳经济特区的永恒主题，也是深圳实现跨越发展的必由之路。首先，深圳需要广泛开展在意识形态引领、传播规划、全体系传播机能等方面的调查研究，推动相配套的体制机制创新。委托高校成立智库团队或机构，加强与国际知名智库团队合作，建设由全球政界、商界、传播界、社科界等组成的中外专家智库团队。集合学者定期分析深圳城市形象全球传播实践，提供年度报告，为制定政策提供参考。其次，深圳需要注重对外传播工作的创新优势和思路，制定与现代化国际化创新型城市文化相匹配的全球传播整体规划。2023 年，深圳出台《关于进一步加强和改进国际传播能力建设行动计划》，设置习近平新时代中国特色社会主义思想宣介、城市形象综合营销、深港"双城记"融合传播、海外投送能力拓展、国际"鹏友圈"交流互鉴、国际传播"主力军"培育、国际传播大格局构建等七大行动。此外，应在现有基础上，加大投入力度、完善政策与资金支持保障体系，建立传播效果评估、舆情风险评估等体系。充分发挥市相关宣传基金、文化产业专项基金、国际传播基金的鼓励、引导和杠杆作用，培育优秀人才。

第二，牵头设立专业性和独立性的全球传播机构。根据国际知名城市形象专家 Anbolt 的总结，城市品牌国际传播最佳推广模式是 Public-Private Model，即"公共机构+私营机构"联合参与模式，参与方式包括资金投入与知识投入。这种模式最大优势是兼顾稳定与灵活，符合最广泛的行业需求。许多国际知名城市都由政府牵头设立专门的城市品牌推广机构，如悉尼、奥斯陆和阿姆斯特丹等。目前，深圳承担类似功能的机构为深圳国际交流合作基金会。该基金会是深圳市外办牵头成立的非公募公益基金会，致力整合政府与社会资源推动城市对外交流合作。可以通过该基金会，在全市层面设立专业性、独立性的全球传播机构，连同主流媒体、企业、民间团体和市民等共同参与全球传播实践。政府确定关键的战略合作行业和机构，例如酒店业、银行业、旅游业、文化机构等，通过一定的组织行为运作该机构，使不同主体以积极角色、多种形式、更多途径参与城市传播系统的运作（莫智勇，2013）。

第三，培育和发展数字技术，打通和维护全球数据流动通道。数据分析、人工智能、区块链、物联网、云计算和其他基于互联网的数字服务，成为全球化的基础设施。深圳是互联网城市，拥有华为、腾讯等一批信息技术企业和发展资源，目前亟须畅通全球数据流动通道，建立全球数据治理框架，确保数据在全球的自由流动，使民众公正平等接触和理解全球信息和文化，推动构建以数字媒介技术为动力的全球新秩序。

（二）主流媒体：将全媒体矩阵融入城市形象全球传播网络

新传播革命条件下传播权力迁移（李良荣、袁鸣徽，2017b），城市成为协作式新闻布展（陆晔、周睿鸣，2018）的舞台，城市形象全球传播的主战场由传统媒体转向数字媒体。为应对这一形势，具有内容优势和舆论引导责任的深圳主流媒体，需要加快推进媒体融合，拓展全球传播的全媒体矩阵。媒体融合是实现国家治理体系和治理能力现代化进程中对于新型主流媒体的必然要求，在建设和改革过程中，关键在于实现各类媒体形式的有机整合，系统性融入城市形象全球传播网络，为协同传播实践提供内容和价值观的有效引导，实现"四全媒体"。

第一，推进相关媒体整合，实施合适的传播组合策略，主导城市形象全球传播主流价值观。一是统筹 EyeShenzhen、*Shenzhen Daily*、《香港商报》、《直播港澳台》等平台的对外传播资源，建立高效运作机制，实施重点工程项目，集中力量做大对外传播核心品牌。二是运用海外社交平台，壮大城市形象全球传播阵地。中国"网红"以海外社交媒体为平台，以个体话语下的中国美食、文化、地理为主要内容，发掘不同群体的共享观念，得到海外受众的充分认可。以 *Shenzhen Daily* 为代表的深圳外宣媒体，已经建立了 X（原 Twitter）、YouTube、Facebook 等境外账号群，打造了英文融媒体平台。深圳也应为"网红"自媒体提供优质平台和孵化机制，从而增强传播主体的多元性。三是开发内容开放平台，为海外国家地区的驻深机构、协会、办事处和外资企业、公众等提供内容生产渠道。

第二，在全球视野下，推进与海外传播机构和公众合作。深圳主流媒体要以全球思维和数字思维实现传播资源的汇集优化，实现与海外用户互动，充分发挥全球一流传媒集团、海外社交平台对城市形象全球传播的推动作用。此外，利用深圳外事系统友城网络、联合国教科文组织创意城市网络和媒体行业组织网络等，发挥海外知名人士、知名记者的作用，与全球知名文化创意企业联合开展文化项目。

（三）社交媒体和数字平台：城市形象全球传播网络的"血脉"

社交媒体不仅是人类通信和传播的一种工具，如今已成为当代社会和人类生存的一种基础架构和"在世存有"（孙玮，2015）。全球媒体监测机构 Meltwater 和社交媒体机构 We are Social 联合发布的最新调查报告显示，全球社交媒体活跃用户数量已突破 50 亿人大关。目前，社交媒体已是国际传播机构媒体融合的必要手段，深圳推动城市形象全球传播实践，需认识到社交媒体和数字平台的角色地位，以社交媒体作为"流经"城市形象全球传播网络的"血液"，激活嵌入城市传播网络的媒介主体的"协同"性。

第一，利用社交媒体特性决定内容策略。社交媒体具有开放性、互动性和共享性等特性，未必只能作为信息发布渠道，用来增加甚至复制传统媒体内容。媒介主体可以利用社交媒体特性，将社交媒体作为城市传播系统多元内容及话语布置的中枢系统。例如，采取"隐性议程设置"，有策略地针对不同平台受众、结合不同文化特征生产独具特色的内容，尤其是以图片、视频、音乐为主的视觉信息和听觉信息。再如，强化社交媒体和数字平台对用户互动、传播效果计算等功能的切实使用。数字平台能够通过评估手段，精准分析传播效果，及时采取有效的应对与调整措施。海外用户对城市形象相关资讯的需求、态度等，成为调整城市形象全球传播策略的重要依据。

第二，充分利用社交媒体等数字平台，为不同媒介主体赋能。在全球化背景下，数字平台基础设施能够将个体、机构、企业、城市空间等纳入同一个在线社区。这种纳入，不仅仅是主体内容生产和传播情况的在线化，更重要的是以线上数字平台的传播实践反过来推动线下媒介实体的转型，形成社会治理、全球传播等现实实践的新场景和新互动。例如，对于县级融媒体中心等基层媒体、低流量的平民自媒体等边缘性主体，数字平台能够挖掘在地性文化特征，并将其培育成为城市形象全球传播中的关键力量。

三　空间：作为城市形象全球传播的新生力量

列斐伏尔和齐美尔认为，空间和社会关系是相互关联的，除物理意义外，社会关系的形成和发展都在一定空间中发生。具体的空间类型在很大程度上决定了其内部所形成的交往关系（胡翼青、张婧妍，2021）。从历史来看，人类初始阶段，空间给予了安全和秩序；空间演变而来的城市，给予人类传播和交往的可能。在数字技术条件下，城市空间作为媒介，构建和维护社会关系，呈现城市形象，是全球传播的新生力量。

在城市形象全球传播实践中，空间与社区、机构、内容文本、传播渠道存在密切关系，空间是构成、维持和改变全球传播功能和效果的介质。全球化背景下，中国的城市风貌呈现出本土性与全球性的共荣共存、共生共融特征（廖卫民，2020）。对空间的调整、营造、活化，有利于提升本地市民的参与度、增强其融入感，塑造全球传播的城市良性生态。结合城市空间传播特征和深圳实际情况，深圳推动全球传播实践，可以从空间资源整合、信息空间开拓、空间文化产品流通、城市社会资源利用等方面进行拓展。

第一，打造城市地标，构建对话场域。城市化始于城市再造和更新的现代化浪潮中，拆除、改造和重建成为城市空间生产的三种方式，城市的异质性逐渐消失，取而代之的是千篇一律的城市空间，比如商场和街道。独具特色的城市地标，即改变这一趋势的物质性空间，在城市形象全球传播实践中具有重要作用。全球性城市地标，不仅是一个建筑空间，更重要的是其背后隐藏的城市历史文化特征，是城市的文化灵魂及气质、品位的缩影。

深圳城市文明最重要的基因不是来自本地和传统，而是来自经济特区的定位和改革开放的实践。深圳需要结合其核心城市观念，建设专业、垂直、纵深的独特地标，例如坪山文化聚落、国际性街区等，让深圳成为中国向世界开放的城市文化符号和都市文化先锋。一方面，城市地标不仅需要作为象征性的城市现代界面，体现建设成果和国际地位；另一方面，城市地标也可作为培育独特文化、联络国际居民、丰富日常生活的公共空间，使人们通过空间的对话交流形成对城市的文化认同和情感共鸣，构建属于深圳的全球性对话场域。

第二，建设国际性的基础设施"硬件"。城市形象全球传播实践的空间由软件和硬件组成。城市形象全球传播力提升，既是城市"硬实力"增长的必然结果，也是"软实力"提升的重要体现，两者相辅相成。支撑和促进城市信息、人、商品等流动的"硬件"是城市基础设施。例如，深圳需要综合考虑其周边腹地可依托的人口、产业等资源禀赋，加快建设国际航线、口岸等交通基础设施，促进更多的人际往来和商务活动。

第三，提升基层社区空间的媒介性。社区被定义为"开放式的网络"，能够"通过协商、调节、互相妥协以维护社会和谐"（罗威廉，2008），储存城市文化的原始养分。区级融媒体中心作为打通媒体融合"最后一公里"的主流媒体，与区域组织和居民处于同一生态圈，是社区传播的承担者和引导者。深圳出台《关于推进国际化街区建设提升城市国际化水平的实施意见》，以国际化街区为重要载体，探索高质量建设国际化城市。深圳主流媒体、区级融媒体中心与国际化街区合作提升城市形象全球传播力，协同编织城市传播系统。例如，在体制机制上，坪山融媒体中心与坪山国际化城区推广中心合署办公，将国际传播作为重要战略，形成深圳城市形象全球传播实践的"坪山实践"，构建以空间为中心的城市形象全球传播体系。

四　打造中华文化现代化转化的全球核心区

文化是城市的"精神之根"，在引领城市形象全球传播中已取得瞩目成就。一方面，带动城市品牌发展，凝聚城市形象，实现差异化城市定位；另一方面，推动开发全球化进程中的跨文化传播潜力，在城市形象全球传播中地位显著。城市的初始条件、文化资源、人口特征、发展道路等决定了城市文明的内涵和品质。从深圳历史看，因其地理、资本、体制等方面的特殊性，文化具有混杂、多元、流动和包容的特征，呈现出鲜明的文化个性，例如移民文化、窗口文化、青春文化、现代文化，尤其是建设于科技和创新要素基础之上的现代文化，对深圳文化观念、文化产业发展起到重要的引领作用，在社会生产、生活之中均有体现。例如，"敢为天下先"、"杀出一条血路"、倡导创新、摒弃计划经济时代"等靠要"陋习等价值观念。"时间就是金钱，效率就是生命""空谈误国，实干兴邦"等现代理念，为深圳不断超越自我、开创无数第一提供观念支撑。

"讲好中国故事要立足共同的价值、关切、目标、利益、挑战等。"（陈寅、刘军锋，2021）现代文化蕴含的符号、话语和观念，使地方文化主体更有可能基于共情、共享和共通的人类价值观，与全球多元文化形成对话，共同推进全球城市传播网络运作。为此，在城市形象全球传播实践中，深圳有责任和能力打造中华文化现代化转化的全球核心区，即站在全球视野和高度，立足于本土科技、创新产业特色和现代文化特色，融中华优秀传统文化于深圳的地方性转化中，实现自东向西的文化表达和文化传播，建设"讲好中国故事"的现代性枢纽和支点。

第一，凝聚城市精神，构建文化图景。不同国家、种族、地域的民众，在思维方式、文化观念和价值体系方面存在差异，深圳的现代化文化基因，具备求同存异的巨大可能性。一是基于中华文化底色和深圳文化特色，培育形成"新时代深圳精神"，反映中国特色社会主义先行示范区建设之路的生动实践、巨大变化、丰硕成果，以此为文化图景的核心层。二是浓缩、提炼、展示深圳城市文化的形象元素，挖掘具有时代特色的深圳城市文化内涵。在此基础上，把"深圳"作为品牌进行长期运营，输出符合政府、市场、企业和市民需求的内容，例如城市宣传片、城市官网 CIS 系统、口号。三是关注海外民众的多元文化需求和价值观差异，创造、延伸和丰富城市文化图景，推进城市精神和电影、戏剧、音乐等现代文化形式的互融，依托科技和创新技术对其改造和升级，使城市文化图景核心元素体现在全球传播的价值理念中，推进城市精神体系的全球数字沟通。例如，深圳戏院制作的国内首部人工智能题材舞剧《深 AI 你》，讲述了在人工智能机器人飞速迭代的未来，自幼失去母亲的主角小海和陪伴其成长的 AI 机器人之间发生的温情故事，展现出成熟的人工智能所赋予人类的情感慰藉与伦理困惑。作品在全国巡演中大获成功。

第二，建设文化产业和文化服务的全球话语体系。话语和叙事是阐释城市精神和文化图景的方式，也是人类自古以来形成的交流和传播的主要手段。文化产业和文化服务作为城市物质体系中的关键性文化媒介，深圳需要以全球性的视野和眼光，构建其话语体系。为此，一是完善公共文化服务的国际传播环节。主导制定公共文化服务的传播制度、标准和工作方案，在策划设计、工程建设、运营维护、宣传推介等环节突出国际传播导向；参与公共文化服务的数字化建设，加强主流媒体国际传播矩阵和深圳公共文化数字服务的对接融合。二是挖掘文化产业建设的国际传播功能。文化产业具有不可替代的社会效益和文化传播效果。深圳拥有一批具有国际影响力的文化产业，在城市传播实践中能够发挥更大作用。例如，文博会通过展会品牌，搭建国际化展示交易平台，助推共建"一带一路"国家和地区的文化交流合作，促进中华文化产品和服务的国际传播。另外，利用"世界十大最佳旅行城市"的城市文化品牌效应，融合数字、海洋城市特色，建设更多标志性景区和文化街区。

第三，善用媒介事件生产城市文化"地方感"。保罗·亚当斯提出"媒介中的地方"，分析了媒介对构建地方感的影响。地方意象和地方身份是城市文化生态的构成，也是城市形象全球传播实践的依托。但在数字技术革命下，城市文化面对在线化的问题，全球传播实践身处虚实相互交错、线上线下相互融合的现实场域。推动中华文化现代化转化，需在数字技术催生的新的现实场域条件中建立深圳城市文化"地方感"。其中一项举措为，利用"媒介事件"拉近海外用户与本地用户的距离，从速度、广度和程度上聚焦舆论、扩大声誉、建构形象，形成数字社会的城市文化"地方感"。

制造"媒介事件"，需要媒介主体作为主导者，通过热点营造、公关宣传等形成某种"事件"，从而带来巨大社会影响。包括文化节庆、国际性会展、国际性体育赛事等在内的文化活动，已成为"媒介事件"的重要来源（徐剑，2021）。深圳推动中华文化现代化转化，可以利用主题多元、涵盖领域广泛的大型文化活动，例如深圳"一带一路"国际音乐季、文博会、深圳书展等，以深圳城市精神为核心联动多元文化主题，集聚线上线下的海内外用户，推广深圳故事、湾区故事和中国故事。

总之，深圳打造中华文化现代化转化的全球核心区，关键是在全球视野下凝聚城市文化内涵、形成文化话语体系、制造全球媒介事件，从符号、话语和事件三个层面，以现代化科技和创新力量形成对深圳城市形象全球传播体系的全面激活。

参考文献

包文君，2023，《"深圳卫健委"新媒体平台的健康传播研究》，内蒙古大学硕士学位论文。

毕研韬、董庆文、黄玲忆，2024，《我国区域发展战略之国际传播研究——以海南自贸港与粤港澳大湾区为例》，《对外传播》第 1 期。

曹晚红、牛文杰，2023，《精细化和动态化：主流媒体国际传播人才队伍建设路径探析》，《中国新闻传播研究》第 3 期。

柴茂昌、蓝涛、曾志敏，2021，《国际化街区标准指标体系构建：基于深圳实践的探索》，《城市观察》第 4 期。

常江、王雅韵，2023，《作为故事的新闻：观念、实践与数字化》，《新闻大学》第 1 期。

常凌翀，2021，《深融背景下县级融媒体国际传播能力建设的创新路径》，《新闻论坛》第 6 期。

常凌翀，2024，《县级融媒体如何提升国际传播效能》，《中国社会科学报》4 月 11 日。

车慧卿、王一晗，2023，《新媒体语境下城市形象海外传播策略研究——以 WuhanPlus 账号为例》，《全媒体探索》第 12 期。

陈冬艳，2019，《用好移动互联网，推进重庆国际传播能力建设——重庆国际传播中心对城市外宣的路径探索》，《传媒》第 16 期。

陈国昌，2020，《我国地方对外媒体跨文化传播策略研究——以英文版〈深圳日报〉（Shenzhen Daily）为例》，《东南传播》第 3 期。

陈国生，2001，《城市形象综合评价的理论与实践》，《衡阳师范学院学报（自然科学）》第 6 期。

陈海燕，2019，《深圳春晚的符号化融合传播——融媒体时代城市形象传播案例分析》，《中国电视》第 7 期。

陈红，2009，《我国城市形象营销策略研究》，《新闻界》第 3 期。

陈俭，2022，《中国故事国际传播的博物馆展览实践探索——以上海犹太难民纪念馆基本陈列为例》，《杭州文博》第 1 期。

陈能军、彭曦阳、彭冠英，2023，《数字文化"走出去"——深圳国际传播能力提升的策略研究》，载杨建、陈长治主编《深圳文化发展报告（2023）》。

陈晓兵、顾一阳、陈柟豪，2023，《国际传播中大熊猫符号的当代阐释与系统建构》，《青年记者》第 22 期。

陈亦琳、李艳玲，2014，《构建融通中外的新概念、新范畴、新表述——中国政治话语传播研讨会综述》，《红旗文稿》第 1 期。

陈奕，2020，《构建以"媒介事件"为核心的城市形象国际传播》，《中国社会科学报》6 月 18 日。

陈奕、周园芳，2012，《论城市形象宣传片的品牌传播策略》，《新闻知识》第 5 期。

陈寅，2009，《翻动阅读活页传播人文诗韵》，《晶报》11 月 4 日。

陈寅，2011，《新媒体环境下的多维整合传播——对〈深圳特区报〉大运报道的回顾与思考》，《中国记者》第 10 期。

陈寅、刘军锋，2021，《创建讲好中国故事的国际传播体系》，《新闻战线》第 17 期。

陈云松、吴青熹、张翼，2015，《近三百年中国城市的国际知名度基于大数据的描述与回归》，《社会》第 5 期。

陈中雨，2019，《自然媒介、技术媒介与"媒介即基础设施"——以彼得斯的〈奇云：基础媒介哲学〉为例》，《未来传播》第 3 期。

程曼丽，2019，《国际传播能力建设的实践研究与意义——兼评〈新媒体跨文化传播的中国实践研究〉》，《新闻与传播评论》第 1 期。

程兆民，1996，《城市化与大众传播媒介的发展》，《现代传播》第 5 期。

戴骋，2023，《城市国际传播的实践困境与效能提升——以成都大运会为例》，《传媒》第 21 期。

戴建华、杨楠，2021，《平视世界条件下国际传播策略调整及能力建设》，《当代传播》第 6 期。

党明辉、冀豪杰，2024，《国际主流社交媒体平台涉华议题的传播特征及效果分析》，《情报杂志》。

邓含能，2014，《地方英文报纸的国际传播策略——以英文〈深圳日报〉为例》，《中国报业》第 6 期。

邓元兵、范又文，2021，《政务短视频对城市形象的建构与传播——以"上海发布"等政务抖音号为例》，《中国编辑》第 11 期。

邓自强，2019，《互文式头版："戏剧性冲突"引发现象级创意传播——简论深圳晚报"双主题+二字标题"的头版范式》，《新闻战线》第 13 期。

窦文娜，2021，《基于 CiteSpace 的中国城市传播研究知识图谱分析》，《建筑与文化》第 2 期。

杜积西、陈璐，2019，《西部城市形象的短视频传播研究——以重庆、西安、成都在抖音平台的形象建构为例》，《传媒》第 15 期。

段凤英，2022，《想尽一切办法抵达"现场"》，《晶报》8 月 1 日。

段梦寒，2023，《地方主流媒体开展国际传播的策略——以重庆国际传播中心为例》，《青年记者》第 4 期。

段鹏、彭晨，2024，《数智时代短视频助力中华文明国际传播的内在逻辑与创新路径》，《中国编辑》第 3 期。

范文静，2015，《〈牯岭街少年杀人事件〉与台湾形象建构》，《电影文学》第 19 期。

　　方洁，2020，《重提"海派文化"：上海城市形象的对外传播》，《南方传媒研究》第 5 期。

　　冯小桐、荆江，2020，《"新冷战"话语体系下中国国际传播的应对》，《对外传播》第 12 期。

　　冯月季，2023，《中国当代文化符号国际传播的叙事体系建构》，《对外传播》第 11 期。

　　复旦大学信息与传播研究中心课题组，2015，《城市传播：重建传播与人的关系》，《新闻与传播研究》第 22 卷第 7 期。

　　复旦大学信息与传播研究中心课题组，2015，《可沟通城市评价体系》，《新闻与传播研究》第 22 卷第 7 期。

　　高文杰、路春艳，1996，《城市特征形象系统（CIS）规划》，《城市规划汇刊》第 6 期。

　　郭蔺荞，2023，《公共外交视域下城市品牌建设中的公众参与研究》，外交学院硕士学位论文。

　　郭可，2004，《当代对外传播》，复旦大学出版社。

　　郭可、陈悦、杜妍，2018，《全球城市形象传播的生成机制及理论阐释——以上海城市形象为例》，《新闻大学》第 6 期。

　　郭可、吴瑛，2010，《世博会对提升中国国家形象的作用——基于多语种国际舆情的研究》，《外交评论（外交学院学报）》第 27 卷第 6 期。

　　郭树勇，2021，《论 100 年来中国共产党全球观念变迁的主要规律》，《国际观察》第 1 期。

　　郭新华、赵翔，2021，《全球化语境下澎湃新闻第六声的中国表达》，《传媒》第 20 期。

　　郭镇之，2020，《中国对外传播面临的新挑战及创新对策》，《对外传播》第 1 期。

　　韩晗，2023，《国家形象传播视角下援外工业遗产的概念、价值与再利用路径》，《社会科学战线》第 12 期。

郝寿义、倪鹏飞，1999，《中国若干城市的城市建设与城市竞争力相关关系研究》，《城市》第 4 期。

郝周成，2021，《县级融媒体参与乡村治理的可能与路径》，《东南传播》第 4 期。

何国平，2010，《城市形象传播：框架与策略》，《现代传播（中国传媒大学学报）》第 8 期。

何国平，2009，《中国对外报道思想研究》，中国传媒大学出版社。

何天平、蒋贤成，2023，《数字全球在地化：平台时代影视产业国际传播趋势探研》，《对外传播》第 7 期。

贺欣怡、张毓强，2023，《深化文明交流互鉴：全球视野中的地方传播实践》，《对外传播》第 7 期。

〔法〕亨利·列斐伏尔，2022，《空间的生产》，刘怀玉译，商务印书馆。

胡鞍钢、张晓群，2004，《中国传媒迅速崛起的实证分析》，《战略与管理》第 3 期。

胡恒芳、叶晓滨，2015，《新传播格局下的两会报道——深圳特区报的全国两会报道实践》，《新闻战线》第 7 期。

胡洪侠，2023，《"文化沙漠"编年纪事（1979~1990）》，《晶报》2月 8 日。

胡文，马骥远，2023，《一个叫艾祥华的深圳人》，《晶报》3 月 21 日。

胡野秋，2023，《啊，八卦岭》，《晶报》3 月 11 日。

胡翼青、张婧妍，2021，《作为媒介的城市：城市传播研究的第三种范式——基于物质性的视角》，《福建师范大学学报》（哲学社会科学版）第 6 期。

胡正荣、李润泽，2024，《以智慧全媒体平台赋媒介未来之力——省级国际传播中心的时代机遇》，《对外传播》第 1 期。

黄景清，2003，《城市营销 100》，海天出版社。

黄玉蓉，2007，《深圳叙事及其城市形象》，《深圳大学学报》（人文社会科学版）第 4 期。

姬德强、张毓强，2024，《"双向奔赴"：国际传播学与区域国别学的理论互鉴》，《对外传播》第 2 期。

姬煜彤、张强，2019，《全球城市国际传播力指标体系研究——广州城市传播力的国际比较》，《中国名城》第 11 期。

纪冬梅，2018，《微传播视角下深圳观澜街道全民阅读推广活动发展趋向》，《文化学刊》第 3 期。

贾宁、常晓月、陈璐等，2012，《地铁，行走的城市脉络——地铁与城市形象传播策略研究》，《广告大观》（综合版）第 12 期。

姜鸣红，2024，《国际传播语境下如何讲好中国故事——从"PoliceShasha"到〈义乌有个"阿依乐"〉》，《中国地市报人》第 1 期。

姜鹏，2006，《我国对外传播之生态环境简析》，《东南传播》第 1 期。

《晶报》元故事报道团队，2023，《"5.9"再回首》，《晶报》5 月 9 日。

〔美〕凯文·林奇，2001，《城市意象》，方益萍等译，华夏出版社。

柯小俊、李诗乐，2023，《竞争的基础设施纪念碑——"中国建造"媒体叙事的时间、关系与象征性》，《新闻与传播研究》第 9 期。

〔美〕克利福德·格尔茨，2014，《文化的解释》，韩莉译，译林出版社。

黎寒池、李斌，2024，《地方国际传播的话语创新路径——基于柳州市融媒体中心实践的探讨》，《对外传播》第 2 期。

李萃翠，2014，《多维观照：大众传媒与城市形象建构研究》，苏州大学博士学位论文。

李丹舟，2019，《城市文化治理的深圳经验：以"图书馆之城"建设为例》，《深圳社会科学》第 1 期。

李冬君，2023，《走进宋画：10～13 世纪的中国文艺复兴》，北京时代华文书局。

李广斌、王勇、袁中金，2006，《城市特色与城市形象塑造》，《城市规划》第 2 期。

李国辉、薛创、边振虎，2024，《加强国际传播能力建设的敦煌实践》，

《传媒》第 2 期。

李国惠、黄光鹏，2012，《国际体育赛事志愿者对高校传播奥林匹克文化的现状调查——以深圳大运会为例》，《福建体育科技》第 5 期。

李红涛、黄顺铭，2015，《新闻生产即记忆实践——媒体记忆领域的边界与批判性议题》，《新闻记者》第 7 期。

李良荣、袁鸣徽，2017a，《论报纸再造：从"信息媒体"到"意义媒体"》，《现代传播（中国传媒大学学报）》第 8 期。

李良荣、袁鸣徽，2017b，《中国新闻传媒业的新生态、新业态》，《新闻大学》第 3 期。

李秋妮，2020，《以普通人的视角记录"深圳文化"——从〈宝安日报〉文化周刊谈媒体文化传播》，《中国地市报人》第 8 期。

李芮，2020，《巴黎城市形象宣传片的传播策略》，《青年记者》第 12 期。

李盛丹歌，2023，《新闻可视化对外传播的创新路径——基于经济日报海外社交账号新媒体产品的分析》，《中国记者》第 11 期。

李思逸，2023，《铁路现代性：晚清至民国的时空体验与文化想象》，上海三联书店。

李希光、郭晓科，2012，《主流媒体的国际传播力及提升路径》，《重庆社会科学》第 8 期。

李妍，2022，《城市阅读活动"深圳读书月"品牌传播研究》，东北财经大学硕士学位论文。

李勇，2023，《县级融媒体提升国际传播效能的本土文化路径分析》，《中国编辑》第 10 期。

李跃，2022，《元故事：开启深圳故事的"新纪元"》，《晶报》8 月 1 日。

李跃，2023，《编辑部文章：在这里遇见无数的人，无数的故事》，《晶报》5 月 9 日。

李宗诚，2007，《节事活动与城市形象传播》，《当代传播》第 4 期。

栗娜，2023，《主流媒体提升国际传播力路径探析——以中央广播电视总台〈中国新闻〉为例》，《新闻战线》第 24 期。

梁阿敏、郎艳林，2023，《数字时代"一带一路"电影的国际传播：范式演变、价值转向与路径纾解》，《电影评介》第 24 期。

廖秉宜、任凯伦，2020，《城市品牌国际传播的策略创新》，《对外传播》第 2 期。

廖双来、魏遵明，2019，《开创融合新格局探索传播新路径——以襄阳、深圳全媒体联合采访行动为例》，《城市党报研究》第 1 期。

廖卫民，2020，《全球媒介之城与融合传播之道：人类命运共同体思想的价值启示》，《浙江大学学报》（人文社会科学版）第 1 期。

林菲，2022，《铜像往事》，《晶报》8 月 22 日。

林菲，2023，《关钟玲：深圳是很有魅力的城市》，《晶报》5 月 9 日。

林家钊、严艺沁，2023，《基于质性分析的深圳城市形象国际传播现状与策略研究——以改革开放 40 周年后的推特用户评价为例》，《东南传播》第 4 期。

〔美〕刘易斯·芒福德，2018，《城市发展史》，宋俊岭、宋一然译，上海三联书店。

刘爱利、刘福承、邓志勇等，2014，《文化地理学视角下的声景研究及相关进展》，《地理科学进展》第 11 期。

刘春林、贾政，2023，《〈大湾区（广东）城市国际传播分析报告〉出炉》，《广州日报》12 月 5 日。

刘路，2009，《论城市形象传播理念创新的路径与策略》，《城市发展研究》第 11 期。

刘强、蔡大明，2001，《视觉文化理念传播的重要途径——从深圳电视台形象的整合包装说起》，《中国广播电视学刊》第 7 期。

刘雯靖、邹军，2023，《粤港澳大湾区国际传播：核心价值、区域品牌与数据共通》，《对外传播》第 12 期。

刘小晔、文春英、吴莹莹，2019，《技术驱动视角下城市传播的发生、演进与进路》，《传媒》第 12 期。

刘晓玲，2023，《深圳城市形象国际传播策略研究》，《特区实践与理论》第 6 期。

刘依一、庄向阳，2021，《从"文化广场"看深圳城市文化的发展与构建》，《深圳信息职业技术学院学报》第 3 期。

刘忆斯，2017，《晶报〈深港书评〉的"深"和"港"》，《新传播》第 4 期。

卢士阳，2023，《地方媒体如何做好国际传播——以厦门〈海西晨报〉海外社交媒体运营为例》，《新闻世界》第 12 期。

陆剑伟，2009，《〈深圳商报〉房地产广告整合营销传播研究》，兰州大学硕士学位论文。

陆晔、周睿鸣，2018，《新闻创新中的"协作式新闻布展"——媒介融合的视角》，《新闻记者》第 9 期。

〔美〕罗威廉，2008，《汉口：一个中国城市的冲突和社区》，鲁西奇、罗杜芳译，马钊、萧致治审校，中国人民大学出版社。

罗长青，2024，《剧本杀作为中华文化国际传播创新路径的实践策略》，《甘肃社会科学》第 2 期。

罗睿枭，2023，《提升地方国际传播能力的路径探析——以成都、宁波、宜昌加强国际传播为解剖样本》，《新闻前哨》第 21 期。

罗赛，2022，《健康类政务新媒体运营与传播创新研究——以"深圳卫健委"公众号为例》，《西部广播电视》第 24 期。

罗婉，2022，《华强北的琴声》，《晶报》8 月 12 日。

罗以澄、胡亚平，2004，《挑战现实理性构建浪漫真实——解读新新闻主义的价值观及其叙事结构》，《现代传播》第 2 期。

洛秦，2003，《城市音乐文化与音乐产业化》，《音乐艺术（上海音乐学院学报）》第 2 期。

马大正，2019，《当代中国边疆研究（1949—2019）》，中国社会科学出版社。

马骥远，2022，《枪与玫瑰》，《晶报》5 月 19 日。

马骥远、李岷，2022，《转型大文化，晶报再出发》，《晶报》8 月 1 日。

梅保华，2002，《关于城市形象问题的思考》，《城市问题》第 5 期。

〔法〕米歇尔·福柯，2021，《知识考古学》，董树宝译，生活·读书·新知三联书店。

莫智勇，2013，《中国城市形象传播力研究》，武汉大学博士学位论文。

倪鹏飞，2001，《中国城市竞争力的分析范式和概念框架》，《经济学动态》第 6 期。

聂书江，2024，《中华文明国际传播形态变革及未来图景》，《甘肃社会科学》第 2 期。

聂艳梅，2015，《中国城市形象影响力评估指标体系及其提升策略研究》，上海师范大学博士学位论文。

聂艳梅，2016，《欧美城市形象传播领域的研究进展及观点综述》，《都市文化研究》第 1 期。

宁越敏，唐礼智，2001，《城市竞争力的概念和指标体系》，《现代城市研究》第 3 期。

潘萌，2023，《青年外交：概念、发展与功能机制》，《社会科学战线》第 10 期。

彭健，2022，《垂直与破圈：都市报向文化传播服务机构的转型——以深圳晶报的实践为例》，《青年记者》第 17 期。

彭兰，2020，《新媒体用户研究：节点化、媒介化、赛博格化的人》，中国人民大学出版社。

邱柔柔，郭燕平，吴依凡等，2023，《应急治理视域下城市社区的基层传播研究——以新冠疫情防控期间深圳管控区的媒介经验为例》，《传媒论坛》第 13 期。

任孟山、李呈野，2023，《从电报到 ChatGPT：技术演进脉络下的国际传播格局史论》，《新闻与写作》第 5 期。

阮飞宇，2018，《主流媒体爆款视频制作系统的"八大支点"——基于深圳特区报短视频生产传播模式的探究》，《南方传媒研究》第 5 期。

〔日〕森谷公俊等，2020，《讲谈社·兴亡的世界史》，徐磊等译，北京日报出版社。

邵鹏，2016，《媒介记忆理论：人类一切记忆研究的核心与纽带》，浙江大学出版社。

邵云，2020，《国际社交媒体中的城市形象传播效果研究——基于北京市政府在 Facebook 平台官方账号的实例分析》，《新闻与写作》第 11 期。

沈斌、王荣、刘亚奇，2019，《基于海外媒体报道的上海城市形象国际传播研究》，《国际传播》第 4 期。

沈斌、张睿、陆为，2020，《推进中国发展优势向传播优势转化——新时代国际传播能力建设再思考》，《对外传播》第 12 期。

〔丹麦〕施蒂格·夏瓦，2018，《文化与社会的媒介化》，刘君、李鑫、漆俊邑译，复旦大学出版社。

时潇含，2023，《城市文明典范的深圳探索》，《深圳特区报》9 月 13 日。

〔美〕斯坦利·沃瑟曼，凯瑟琳·福斯特，2012，《社会网络分析：方法与应用》，陈禹、孙彩虹译，中国人民大学出版社。

苏畅，2023，《"世界方法"与"中国表达"：数智时代非遗国际传播之道——以成都市非物质文化遗产为例》，《四川戏剧》第 12 期。

隋岩，2002，《跨国传播中的文化"贸易逆差"与中国电视文化的自觉》，《国际关系学院学报》第 3 期。

孙万军，2024，《数字时代中国文化图书对美精准传播路径探析》，《对外传播》第 2 期。

孙玮，2011，《作为媒介的外滩：上海现代性的发生与成长》，《新闻大学》第 4 期。

孙玮，2015，《微信：中国人的"在世存有"》，《学术月刊》第 12 期。

孙玮，2018，《城市传播的研究进路及理论创新》，《现代传播（中国传媒大学学报）》第 12 期。

　　孙玮，2012，《作为媒介的城市：传播意义再阐释》，《新闻大学》第 2 期。

　　覃晓燕，2022，《符码与变现：深圳城市形象构建中的影视传播》，《太原城市职业技术学院学报》第 8 期。

　　汤景泰、徐铭亮，2023，《论智能国际传播：实践模式与驱动逻辑》，《社会科学战线》第 12 期。

　　唐绪军，2020，《推进城市形象的国际传播能力建设》，《中国社会科学报》9 月 3 日。

　　万立良，2023，《媒介·故事·资本：网络文学海外传播的角色担当与价值逻辑》，《青年记者》第 22 期。

　　王安中、夏一波，2008，《C 时代：城市传播方略》，新华出版社。

　　王春法，2023，《担负起记录展示中华民族现代文明的时代重任》，《求是》第 23 期。

　　王大可、李本乾，2020，《全球媒体语境下广州城市形象的传播与建构》，《中国名城》第 5 期。

　　王大可、张云帆、李本乾，2017，《基于效果评估的城市形象全球传播能力提升策略与路径——以上海为典型案例的考察》，《新媒体与社会》第 4 期。

　　王桂红，2012，《我国门户网站微博在大型体育赛事中的传播特征分析——2011 年深圳世界大学生运动会为例》，《科技信息》第 25 期。

　　王洪波，2024，《文明互鉴观视域下国际传播格局的发展与重塑》，《对外传播》第 2 期。

　　王建峰、吕莎，2009，《媒体"走出去"：提升中国媒体国际传播能力》，《中国社会科学报》8 月 27 日。

　　王婧，2023，《从"声景"到"声境"：作为媒介的声音》，《国际新闻界》第 12 期。

　　王凯琳，2023，《"中国故事"的对外传播：一项基于 CGTN 在 YouTube

上的传播影响因素扎根研究》，中国传媒大学硕士学位论文。

王理，2023，《探索超大城市国际传播的上海样本》，《文汇报》9月28日。

王珑兴，2024，《中国形象在西班牙语世界的国际传播——以墨西哥媒介内容分析为例》，《中南民族大学学报》（人文社会科学版）第1期。

王鹏，2022，《城市传播的空间媒介观建构——基于列斐伏尔"空间三元辩证法"理论》，《东南传播》第7期。

王瑞娇，2017，《会展产业文化传播价值与功能探析——以中国（深圳）国际文化产业博览交易会为例》，《中国商论》第26期。

王润珏，2020，《超越传播：主流媒体国际传播能力提升的创新路径》，《视听界》第1期。

王恬、倪涛、张健，2023，《宏观价值与微观技巧——人民日报英文客户端"一带一路"国际传播经验启示》，《新闻战线》第23期。

王文佳，2023，《国际传播中如何打造"元软实力"——以〈原神〉带动中国文化出海为例》，《上海广播电视研究》第4期。

王晓华，2009，《大众传播、人际传播及直接经验的议程设置与涵化效果——以深圳的社会治安议题为例》，《新闻与传播研究》第3期。

王行广，2023，《中国主流英语媒体中广州城市形象的呈现》，《国际公关》第1期。

王益莉，2023，《杭州亚运会的国际传播创新实践及其启示》，《对外传播》第11期。

王莹岭，范以锦，2021，《从一纸风行到智媒深融的主流化生存——南方都市报打造新型主流媒体浅析》，《中国报业》第7期。

王云霞，2021，《对港传播如何提高有效性——以深圳卫视对港传播为例》，《中国报业》第21期。

王子键，2022，《发现东山村》，《晶报》6月15日。

韦路、左蒙、李佳瑞，2019，《城市国际传播影响力评价的五个维度》，《杭州（周刊）》第4期。

〔古罗马〕维特鲁威，1986，《建筑十书》，高履泰译，中国建筑工业出版社。

卫毅，2018，《我眼中的非虚构精神》，《新闻与写作》第 2 期。

翁惠娟、张玉领，2012，《"观念"在城市形象传播中的作用——以"深圳十大观念"传播推广活动为例》，《新闻世界》第 7 期。

吴璟薇、阎庆宜、曹伟，2024《以食为媒：中华美食文化国际传播的机制与策略》，《对外传播》，第 1 期。

吴梅红、姜飞，2023，《消解与反拨：国际传播采访框架研究》，《新闻与传播研究》第 4 期。

吴文妹，2021，《新加坡文化城市品牌塑造研究》，《文化创新比较研究》第 12 期。

吴瑛、郭可、陈沛芹等，2016，《全球媒体对上海国际大都市的形象建构研究》，《国际展望》第 4 期。

吴瑛、贾牧笛，2023，《面向 Z 世代的国际传播：历史、理论与战略》，《社会科学战线》第 12 期。

夏献法，2020，《深圳晚报城市形象建构与传播策略——以"重聚首再出发"特别报道为例》，《中国报业》第 13 期。

肖竞、李和平、肖文斌等，2023，《区域重构背景下城市历史街区多尺度协同更新与价值活化》，《城市观察》第 4 期。

谢晨星，2022，《"时空胶囊"博物馆》，《晶报》10 月 11 日。

谢晨星，2023，《深圳光影穿越百年》，《晶报》2 月 6 日。

谢静，2013a，《地点制造：城市居民的空间实践与社区传播——J 市"健身坡"的案例解读》，《新闻与传播研究》第 2 期。

谢静，2013b，《社区传播：空间与人的网络重构（摘要）》，载复旦大学信息与传播研究中心、复旦大学新闻学院编《"传播与中国·复旦论坛"（2013）——网络化关系：新传播与当下中国论文集》。

谢清果、韦俊全，2024，《理论、历史与传播：国家形象传播视域下"中国之治"的三重逻辑》，《社会科学战线》第 2 期。

谢语蔚，2012，《多元媒体时代大都市城市形象的建构与传播》，西南政法大学硕士学位论文。

徐黛茜、王子键，2023，《救援者"老狗"》，《晶报》3月22日。

徐和建，2021，《新形势下的首都国际传播新思考》，《对外传播》第8期。

徐华强、钟铮，2022，《坚持内容为上，以品质塑造品牌——深圳卫视〈军情直播间〉融媒体传播策略》，《新闻战线》第21期。

徐剑，2021，《构筑城市形象的全球识别系统》，《探索与争鸣》第7期。

徐杰，2020，《城市形象的国际传播策略——基于济南市的个案研究》，《新闻传播》第14期。

徐明华、张玥，2023，《地方媒体助力高质量"一带一路"国际传播的策略探析》，《新闻前哨》第23期。

徐翔、朱颖，2017，《北京城市形象国际自媒体传播的现状与对策——基于 Twitter、Google+、YouTube 的实证分析》，《对外传播》第8期。

许可，2024，《"尔滨"出圈：文旅传播爆款如何解码?》，《中国新闻出版广电报》1月23日。

严飞，2021，《深描"真实的附近"：社会学视角下的非虚构写作》，《探索与争鸣》第8期。

〔丹麦〕杨·盖尔，2002，《交往与空间》第四版，何人可译，中国建筑工业出版社。

杨建、陈长治，2022，《深圳文化发展报告（2022）》，社会科学文献出版社。

杨琪，2023《深圳报业集团深新传播智库发布〈深圳青年发展报告（2023）〉》，《深圳特区报》4月28日。

杨哲贤，2020，《可沟通的城市：媒介在城市传播中的作用研究》，武汉理工大学硕士学位论文。

姚建华、常峥，2024，《中国式现代化的国际传播：一个话语、平台和场域的交叉分析框架》，《思想理论战线》第 1 期。

姚曦、郭晓譞、贾煜，2023，《深圳城市品牌国际传播效能的评测与分析》，《深圳社会科学》第 6 期。

仪修出、范红，2023，《特色小镇在国际文旅中塑造国家形象的品牌策略——以乌镇戏剧节为例》，《中南民族大学学报》（人文社会科学版）第 6 期。

艺衡，2019，《一座城市文化基因的生成与绽放——深圳读书月二十届回眸和展望》，《深圳特区报》11 月 1 日。

殷乐、申哲，2023，《融合与重塑：中华文化国际传播的智能技术应用及趋势》，《对外传播》第 10 期。

殷晓蓉，2012，《芝加哥学派的城市交往思想——现代城市人际传播研究的开端》，《杭州师范大学学报》（社会科学版）第 4 期。

尹昌龙，2023a，《此心安处是园岭》，《晶报》1 月 13 日。

尹昌龙，2023b，《鹏城，鹏程》，《晶报》4 月 14 日。

尹连根，2018，《政务微信传播的形势分析——以"最互联网城市"深圳为例》，《中共南京市委党校学报》第 4 期。

应王倩，2023，《国际传播视角下的县级融媒体中心建设调研报告》，浙江工商大学硕士学位论文。

余灿灿、谢兆岗、肖喻，2020，《传承与创新：示范区背景下新时代深圳精神的新媒介传播探析》，《传播力研究》第 13 期。

余华，2018，《社区营造：协商空间的构建及地方归属感——以杭州良渚文化村为例》，《广西民族大学学报》（哲学社会科学版）第 1 期。

余人、沈颖仪，2023，《政务公众号年轻化传播语态的创新与挑战——以"深圳卫健委"公众号为例》，《青年记者》第 18 期。

余远来，2024，《全球文化新秩序与国际传播新使命》，《对外传播》第 4 期。

余梓宏，2022，《和古籍一起新生》，《晶报》11 月 4 日。

余梓宏，2023，《小夏的世界》，《晶报》3 月 23 日。

袁侃，2023，《提升城市文化国际传播力路径研究——以"深圳国际时装周"为例》，《全媒体探索》第 2 期。

臧文茜、赵鸿，2023，《论俄罗斯卫星通讯社的国际传播实践（2014—2021）》，《现代传播（中国传媒大学学报）》第 12 期。

曾明瑞，2012，《媒体报道与广州城市形象传播研究》，暨南大学硕士学位论文。

张锋、王常胜，2024，《以国际传播视角讲好鲜活、立体的济南故事——济南国际传播中心〈新时代泉边故事〉双语短视频实践》，《全媒体探索》第 1 期。

张国良、邵欣悦，2023，《变化与趋势：对 2018—2022 年国际传播研究论文的考察》，《上海交通大学学报》（哲学社会科学版）第 9 期。

张恒军、单良涛，2023，《中华文明国际传播：城市力量及其计算呈现》，《新媒体与社会》第 2 期。

张鸿雁，2002a，《城市形象与"城市文化资本"论——从经营城市、行销城市到"城市文化资本"运作》，《南京社会科学》第 12 期。

张鸿雁，2002b，《论城市形象建设与城市品牌战略创新——南京城市综合竞争力的品牌战略研究》，《南京社会科学》第 S1 期。

张鸿雁，2004，《城市形象与城市文化资本论 中外城市形象比较的社会学研究》，东南大学出版社。

张陆园、欧阳馥绚，2023，《粤港澳大湾区视听国际传播的语境转变、基础优势与效能提升》，《粤海风》第 5 期。

张罗，2009，《我们在奥运期间"抢"新闻——"北京奥运文化广场·深圳月"活动传播策划启示》，《对外传播》第 8 期。

张明敏，2023，《淄博烧烤火爆出圈的传播逻辑分析》，《传媒》第 22 期。

张琦，2022a，《深大建校往事》，《晶报》8 月 9 日。

张琦，2022b，《诗与洞背村》，《晶报》9 月 15 日。

张荣刚、罗忠政，2013，《信息传播全球化背景下新兴城市营销体系的构建——深圳构建大外宣格局的创新实践与战略思考》，《对外传播》第9期。

张涛甫、赵静，2021，《媒体融合的政治逻辑——基于意识形态安全的视角》，《新闻与传播研究》第28卷第11期。

张晓娴，2023，《"讲好中国故事"外宣话语的生成历程与演变逻辑》，《青年记者》第7期。

张羽淳，2023a，《老崔和他的音乐故事》，《晶报》1月4日。

张羽淳，2023b，《深圳之夜：故事开始了》，《晶报》4月17日。

张雨龙、骆正林，2023，《网红出海：商业景观与国际传播的耦合机制》，《新闻爱好者》第3期。

张毓强、姬德强，2024，《"全球地方"视角下的中国国际传播新格局》，《对外传播》第1期。

张越，2020，《中日湾区背景下的六大城市形象视频表征内容与结构比较研究》，华南理工大学硕士学位论文。

张哲，2020，《2018世界无人机锦标赛对深圳城市传播的影响研究》，北京体育大学硕士学位论文。

张铮、陈晨，2023，《中华民族现代文明国际传播的四个叙事创新维度》，《对外传播》第11期。

张志安、张小瑞，2015，《都市报融合转型：观念、策略和体制》，《传媒》第2期。

赵川，2023，《深度纵深、实事求是地挖掘和报道，深化了纪录片的内容》，《晶报》5月9日。

赵如涵、邹采玲，2023，《法国国际传播的新媒体策略：以法国播客发展为视角》，《法国研究》第4期。

郑贵兰、陈强，2006，《和平崛起——中国新形象的对外传播战略分析》，《新闻知识》第8期。

郑雯、万旭琪，施畅，2022，《"螺蛳壳里做道场"：城市中心城区融媒体中心深度融合的双重路径》，《新闻与写作》第8期。

种筱娜、赵茹，2023，《全媒体背景下大型国际展会的创新传播——以珠海传媒集团第十四届中国航展融合报道为例》，《新闻战线》第 23 期。

周玲，2018，《基于扎根理论的深圳城市形象研究》，广东外语外贸大学硕士学位论文。

周叶飞，2018，《声音与地方感知：城市形象片中的听觉风景》，《中国新闻传播研究》第 1 期。

朱鸿军、汪文，2023，《人工智能技术在国际传播中的共情应用探析》，《对外传播》第 6 期。

朱喆，2023，《马修·施纳德：我爱上海，因为它有生命力，而且永远生机勃勃》，澎湃新闻网，www. thepaper. cn，11 月 15 日。

邹露，2023，《德国媒体对"一带一路"倡议的新闻建构——基于 8 家德国主流媒体的新闻框架分析（2013—2022 年）》，《新闻与传播评论》第 76 卷第 1 期。

Anholt, S. 2005. *Brand New Justice：How Branding Places and Products Can Help the Developing World.* Burlington, Ma：Elsevier Butterworth-Heinemann.

Assmann, J., Czaplicka, J. 1995. *Collective Memory and Cultural Identity.* Durham：New German Critique.

Axelle, A., Raats T., Van Audenhove L. 2022. "Streaming Difference (S)：Netflix and the Branding of Diversity." *Critical Studies in Television：The International Journal of Television Studies* 18：24-40.

Czempiel E. O., Rosenau, J. N. 1989. *Global Changes and Theoretical Challenges.* Free Press.

Kavaratzis, M. 2004. "From City Marketing to City Branding：Towards a Theoretical Framework for Developing City Brands." *Place Branding* 1：58-73.

Kunczik, M. 1997. *Images of Nations and International Public Relations.* NJ：Lawrence Erlbaum.

Maier, S. R. 2020. "The World View (Ed) through the English-Speaking Media Lens：Foreign News Coverage Steadfastly Narrow and Uniform." *The*

Journal of International Communication 26： 155-170.

Mumford, L. 1961. *The City in History*： *Its Origins*, *Its Transformations*, *Its Prospects*. New York： Harcourt, Brace & World, Inc,

Patteeuw, V. , Affairs, U. 2002. *City Branding*： *Image Building & Building Images*. Rotterdam： Nai.

Rosenau, J. N. 2003. *Distant Proximities*： *Dynamics beyond Globalization*. Princeton, Nj ; Oxford： Princeton University Press. .

Shimko, K. L. 1991. *Images and Arms Control*： *Perceptions of the Soviet Union in the Reagan Administration*. Ann Arbor： University Of Michigan Press.

Sreberny-Mohammadi, A. 1984 "The 'World of the News' Study. " *Journal of Communication* 34： 121-34.

图书在版编目（CIP）数据

深圳路径：新媒介视野下的城市形象全球传播 / 张
琦著 . -- 北京：社会科学文献出版社，2025.6.
ISBN 978-7-5228-5322-2

Ⅰ. F299. 276. 53

中国国家版本馆 CIP 数据核字第 2025SC6763 号

深圳路径：新媒介视野下的城市形象全球传播

著　　者 / 张　琦

出 版 人 / 冀祥德
组稿编辑 / 任文武
责任编辑 / 郭　峰
文稿编辑 / 徐　磊
责任印制 / 岳　阳

出　　版 / 社会科学文献出版社·生态文明分社（010）59367143
　　　　　 地址：北京市北三环中路甲 29 号院华龙大厦　邮编：100029
　　　　　 网址：www.ssap.com.cn
发　　行 / 社会科学文献出版社（010）59367028
印　　装 / 唐山玺诚印务有限公司

规　　格 / 开　本：787mm×1092mm　1/16
　　　　　 印　张：12　字　数：180 千字
版　　次 / 2025 年 6 月第 1 版　2025 年 6 月第 1 次印刷
书　　号 / ISBN 978-7-5228-5322-2
定　　价 / 78.00 元

读者服务电话：4008918866